Alexander Goldwein

IMMOBILIEN STEUEROPTIMIERT VERSCHENKEN & VERERBEN

Erbfolge durch Testament regeln &
Steuern sparen mit Freibeträgen &
Schenkungen von Häusern &
Eigentumswohnungen

M&E Books Verlag

IMMOBILIEN STEUEROPTIMIERT VERSCHENKEN & VERERBEN:

Erbfolge durch Testament regeln & Steuern sparen mit Freibeträgen & Schenkungen von Häusern & Eigentumswohnungen

Alexander Goldwein

ISBN 978-3-947201-43-3
4. Auflage 2020
© 2016-2020 by M&E Books Verlag GmbH

M&E Books Verlag GmbH

Mittelstr. 11-13
40789 Monheim am Rhein
Telefon 02173-993 8712
Telefax 02173-898 4993
https://me-books.de
info@me-books.de
Steuer-Nr: 135/5746/0659
USt.-IdNr.: DE310782725
Geschäftsführer: Vu Dinh

Cover Image by fantasista at FreeDigitalPhotos.net

Die Deutsche Nationalbibliothek verzeichnet diese Publikation in der Deutschen Nationalbibliographie. Detaillierte bibliographische Daten sind im Internet über http://dnb.de abrufbar.

VORWORT

Dieser Ratgeber hilft Ihnen, Ihr Testament richtig aufzusetzen und die Übertragung Ihres Vermögens auf die nachfolgenden Generationen steueroptimiert zu gestalten. Immobilien als Bestandteil des Vermögens sind in ganz besonderem Maße geeignet, durch Ausnutzung von Gestaltungsspielräumen Steuern zu sparen und die alte Generation für das Alter abzusichern. Die Grundlagen und Gestaltungsmöglichkeiten werden in diesem Buch systematisch und verständlich dargestellt. Die Lektüre setzt keine Vorkenntnisse voraus und ist auch für rechtliche Laien geeignet.

Da Immobilien in der Regel den größten Vermögensteil eines Menschen ausmachen und längerfristig gehalten werden, sollte man eine langfristige Strategie haben und auch darüber nachdenken, wie die Immobilien auf nachfolgende Generationen übertragen werden können. Spätestens bei der Frage, wann und wie Immobilienvermögen auf Kinder oder sonstige Angehörige übertragen werden kann (Erbfall oder Schenkung zu Lebzeiten), muss die Erbschafts- und Schenkungsteuer in den Blick genommen werden. Schenken Sie dem Fiskus kein Geld und sichern Sie Ihre Familie und sich selbst optimal ab durch intelligente Gestaltungen zur Übertragung Ihrer Immobilien!

Dabei spielen verschiedene Aspekte eine Rolle: Das Immobilienvermögen der Familie soll erhalten werden und es sollen natürlich so wenig Steuern wie möglich gezahlt werden. Schließlich hat die ältere Generation noch das Bedürfnis einer Absicherung, wenn sie Immobilien bereits zu Lebzeiten auf Kinder oder Enkel überträgt. All diesen Bedürfnissen und Zielen trägt dieser Ratgeber Rechnung. Er zeigt Gestaltungsspielräume auf und führt Sie verständlich und praxisorientiert in die rechtlichen Grundlagen ein.

Profitieren Sie von meinen praktischen Erfahrungen als erfolgreicher Immobilieninvestor, Jurist mit Spezialisierung im Immobilien- und Steuerrecht sowie als kaufmännischer Projektleiter in der Immobilienbranche!

Ich wünsche Ihnen viel Spaß beim Lesen.

Ihr Alexander Goldwein

INHALT

A. EINFÜHRUNG

Jeder Immobilieneigentümer wird irgendwann mit der Frage konfrontiert, wie er sein Immobilienvermögen auf die nächste Generation (Kinder, Enkel) übertragen kann.

Die auftauchenden Fragen sind komplex und stark rechtlich geprägt. Es stellen sich in der Regel folgende Fragen:

- Welche Formvorschriften sind bei der Übertragung von Immobilien einzuhalten?
- Welche Steuern fallen an (z. B. Erbschafts- und Schenkungsteuern) und wer muss diese bezahlen?
- Sollte ich ein Testament machen und was sollte da drin stehen?
- Wie ist mein Ehepartner in solche Regelungen einzubeziehen und was sollten wir untereinander regeln?
- Was passiert, wenn ich kein Testament mache?
- Ist es günstiger, Immobilien bereits zu Lebenzeigen auf Kinder und Enkel zu überschreiben oder sollte ich das besser in einem Testament regeln?
- Wie kann ich mich absichern, wenn ich meine Immobilien bereits zu Lebzeiten an meine Kinder überschreibe?
- Was passiert mit den Bankdarlehen, wenn ich meine Immobilien überschrieben habe?
- Wie kann ich Immobilien sinnvoll aufteilen, wenn ich eine Immobilie auf mehrere Kinder übertragen

will?

Wie Sie sehen, stellen sich zahlreiche Fragen, die einer Antwort zugeführt werden müssen. Sie werden nach dem Lesen dieses Fragenkataloges vielleicht denken, dass das alles viel zu kompliziert ist, um das allein mit Hilfe eines Buches regeln zu können. Dieser Gedanke ist sicherlich nicht ganz falsch. Aber gleichwohl ist es nach meiner Erfahrung aus der Beratungspraxis sehr hilfreich, sich zunächst einmal grundlegend zu informieren, um die bestehenden Gestaltungsspielräume kennen zu lernen. Denn erst eine grundlegende Kenntnis der Möglichkeiten und der Vor- und Nachteile verschiedener Wege versetzt Sie in den Stand, zielführend nachzudenken und sich zu guten Entscheidungen durchzuringen. Dabei wird Sie dieser Ratgeber unterstützen. Das Buch dient somit auch als Vorbereitung für Gespräche mit Angehörigen und abschließende Beratungsgespräche mit einem Notar, Rechtsanwalt oder Steuerberater.

Im nachfolgenden **Kapitel B.** werde ich Ihnen zunächst die Grundzüge des Erbschafts- und Schenkungsteuerrechtes vorstellen. Daraus können Sie ableiten und relativ einfach auch konkret berechnen, welche Steuern für Erbschaften und Schenkungen anfallen. Dabei spielen natürlich auch Freibeträge und der Verwandtschaftsgrad des Erben bzw. Beschenkten zum Erblasser bzw. Schenker eine Rolle.

Im sich daran anschließenden **Kapitel C.** werde ich Ihnen die gesetzliche Erbfolge erklären und darauf aufbauend die erbschaftsteuerlichen Konsequenzen in den

Grundzügen darstellen. Daraus können Sie ersehen, welche Personen ohne ein Testament zu gesetzlichen Erben berufen sind und welche Erbschaftsteuern dabei fällig werden.

Im **Kapitel D.** werde ich Ihnen dann erbrechtliche Gestaltungsspielräume durch testamentarische Verfügungen und die steuerlichen Konsequenzen darstellen.

Im **Kapitel E.** werden Sie etwas über das wichtige Thema der vorweggenommenen Erbfolge durch Schenkungen von Immobilien zu Lebzeiten erfahren. Sie werden sehen, dass Schenkungen zu Lebzeiten ein sehr nützliches Instrument sein können, um Erbschafts- und Schenkungsteuern zu sparen. In diesem Kapitel werde ich Ihnen auch die Möglichkeiten zur Absicherung des Schenkers vorstellen.

Im **Kapitel F.** erfahren Sie schließlich, wie die Bewertung von Immobilien für die Veranlagung zur Erbschafts- und Schenkungsteuer erfolgt. Die Bewertung hat natürlich großen Einfluss auf die Steuerlast, weil sie die Bemessungsgrundlage der Steuersätze verbindlich festlegt und damit ein entscheidender Faktor für die Höhe der Steuerlast in Euro und Cent ist.

Im **Kapitel G.** finden Sie schließlich Mustertexte für Testamente, Schenkungen, Nießbrauchsvorbehalte und weitere Texte, die Sie als Grundlage für Ihre Erbfolgeregelung verwenden können.

B. GRUNDZÜGE DER ERBSCHAFTS- UND SCHENKUNGSTEUER

Wichtig ist zunächst die Erkenntnis, dass nicht nur der Erwerb einer Immobilie im Erbfall steuerpflichtig ist, sondern auch die Schenkung zu Lebezeiten. In beiden Fällen wird die Steuer prinzipiell identisch berechnet.[1] Im Erbfall wird sie Erbschaftsteuer genannt und im Schenkungsfall Schenkungsteuer. Beide Steuern sind im **Erbschaft- und Schenkungsteuergesetz (ErbStG)** geregelt.

Die **Erbschaftsteuer** fällt an, wenn Vermögensgegenstände durch Erbfall erworben werden. Dabei wird **nicht** der Nachlass des Verstorbenen als Ganzes belastet, sondern der Vermögensteil, der auf einen Erben übergeht. Der Erbe ist auch Adressat eines Steuerbescheides und Schuldner der Steuern. Das bedeutet, dass die Steuer bei dem Erben auf den Teil der Erbmasse anfällt, der ihm vom Erblasser zugewendet worden ist und nicht auf die Erbschaft als Ganzes. Wenn z.B. ein Mietshaus mit 10 Wohnungen an 2 Kinder zu je ½ vererbt wird, dann fällt die Erbschaftsteuer bei jedem Kind an und bezieht sich dann auf die Hälfte des Wertes des Mietshauses und nicht auf das ganze Mietshaus.

---

[1] Ich verweise dazu auf § 7 in Verbindung mit § 1 Abs. 1 Nr. 1 ErbStG.

Der **Schenkungsteuer** unterliegen Schenkungen unter Lebenden, die hinsichtlich der Belastung mit Steuern gleich behandelt werden wie ein Erwerb im Wege einer Erbschaft. Bei Schenkungen besteht allerdings die Besonderheit, dass die Steuerfreibeträge alle 10 Jahre erneut ausgenutzt werden können, so dass durch eine ratenweise Schenkung zu Lebzeiten in 10 - Jahresabständen unter Umständen in erheblichem Umfang Steuern gespart werden können.[2] Da beide Steuern nach einem identischen Verfahren berechnet und erhoben werden, sind bei den folgenden Ausführungen immer beide Steuern gemeint, wenn nicht ausdrücklich auf einen Unterschied hingewiesen wird. Für die Erhebung der Steuern ist der Wert einer Erbschaft oder Schenkung maßgeblich. Bei der Bewertung von Immobilien hat sich in der Vergangenheit häufig etwas verändert. Der Gesetzgeber hatte die rechtlichen Grundlagen der Bewertung von Immobilien zur Berechnung der Erbschafts- und Schenkungsteuer zuletzt mit Wirkung zum 01.01.2009 grundlegend überarbeitet.[3] Darüber hinaus sind erhebliche Änderungen bei den Freibeträgen und bei den Steuersätzen eingeführt worden. Bei den nachfolgenden Ausführungen wird die aktuelle und geltende Rechtslage zugrunde gelegt.

---

[2] Auf die Einzelheiten gehe ich weiter unten im Kapitel E. ein.

[3] Die Einzelheiten zur Bewertung von Immobilien für die Veranlagung zur Erbschafts- und Schenkungsteuer finden Sie weiter unten im Kapitel F. dargestellt.

I. FREIBETRÄGE

Die gute Nachricht ist, dass nicht der Wert des gesamten Nachlasses bzw. der gesamten Schenkung besteuert wird. Der Erbe bzw. Beschenkte kann einen Freibetrag in Anspruch nehmen. Der Besteuerung unterliegt dann nur der überschießende Wert der Erbschaft bzw. Schenkung nach Abzug des Freibetrages.

Die Höhe des Freibetrages hängt vom Verwandtschaftsgrad des Erben oder Beschenkten zu dem Erblasser oder Schenker ab. Daraus ergibt sich eine Einteilung der Verwandten und Begünstigten in insgesamt 3 Steuerklassen. Bei der Reform des Erbschafts- und Schenkungsteuerrechtes sind mit Wirkung zum 01.01.2009 auch die persönlichen Freibeträge massiv angehoben worden.

Die nachfolgende Tabelle weist die Freibeträge für die jeweiligen Steuerklassen und Verwandtschaftsgrade aus, wobei zum Vergleich die Freibeträge nach alter und neuer Rechtslage (seit dem 01.01.2009) gegenübergestellt sind:

	Verwandt-schaftsgrad	Freibe-trag (neu) €	Freibe-trag (alt) €	Differenz €
Steuer-klasse I	Ehepartner	500.000	307.000	+193.000
	Eingetragener Lebenspartner[4]	500.000	5.200	+494.800
	Kinder	400.000	205.000	+195.000
	Enkel und Uren-kel	200.000	51.200	+148.800
	Eltern, Großel-tern	100.000	51.200	+48.800
Steuer-klasse II	Geschwister, Nichten, Neffen, Schwiegerkinder, Schwiegereltern	20.000	10.300	+9.700
Steuer-klasse III	Sonstige	20.000	5.200	+14.800

Die Reform des Erbschaftsteuer- und Schenkung-steuerrechtes hat also nicht nur Nachteile auf der Bewertungsebene gebracht, sondern auch Vorteile in Form von Erhöhungen der persönlichen Freibeträge. Die jeweilige Erhöhung im Vergleich zur alten Rechtslage können Sie

---

[4] Nach der zum 01.01.2009 in Kraft getretenen Fassung waren Lebenspartner noch in die Steuerklasse III einsortiert. Durch das Jahressteuergesetz 2010 wurden sie auf Anordnung des Bundesverfassungsgerichtes im Beschluss vom 21.07.2010 (Az 1 BvR 611/07 und 1 BvR 2464/07) schließlich mit Wirkung zum 14.12.2010 mit Ehegatten vollständig gleichgestellt und werden jetzt in der Steuerklasse I geführt.

der letzten Spalte der vorstehenden Tabelle entnehmen.

Zur Verdeutlichung der Auswirkungen der neuen Freibeträge und der sich daraus ergebenden Steuerbelastung im Vergleich zur alten Rechtslage diene das folgende Beispiel:

Beispiel:

Witwe Gerda Gefällig hinterlässt bei ihrem Tod ihren 2 erwachsenen Kindern (30 und 35 Jahre alt) ein im Privatvermögen gehaltenes und vermietetes Einfamilienhaus mit 250 m² Wohnfläche mit einem Marktwert von € 888.888. Nach Kürzung dieses Wertes auf 90%, da es sich um eine im Privatvermögen gehaltene Wohnimmobilie handelt, ergibt sich für die Heranziehung zur Erbschaftsteuer nach neuem Recht ein Wert von € 800.000.[5]

Gerda Gefällig hat kein Testament gemacht, so dass die Kinder zu je ½ als gesetzliche Erben in der Steuerklasse I erben. Da jedes der beiden Kinder den persönlichen Freibetrag in Höhe von € 400.000 in Anspruch nehmen kann, erben beide Kinder nach der neuen Rechtslage erbschaftsteuerfrei.

Nach der alten Rechtslage konnten beide Kinder von der Erbschaft in Höhe von € 400.000 lediglich € 205.000 steuerfrei erben und mussten auf die überschüssigen € 195.000 Erbschaftsteuer in Höhe von jeweils € 21.450 zahlen.

---

[5] Ich verweise dazu auf die Ausführungen in Kapitel F. dieses Buches sowie auf § 13d ErbStG.

Damit würde durch die Erbschaftsteuerreform für diesen Fall im Vergleich zur alten Rechtslage rechnerisch eine Entlastung in Höhe von 2 x € 21.450, d.h. von insgesamt € 42.900 eintreten. Die geringere Bewertung von Immobilienvermögen nach altem Recht ist dabei natürlich außer Betracht gelassen.

Zum Schluss habe ich noch eine gute Nachricht für Sie: Der persönliche Freibetrag kann nicht nur einmal in Anspruch genommen werden, sondern alle 10 Jahre erneut. Es ist daher möglich, bei ratenweiser Schenkung und anschließender Vererbung ein Vielfaches des Freibetrages völlig legal an der Erbschafts- und Schenkungsteuer vorbei zu schleusen. Die in einem Zeitfenster von 10 Jahren nicht durch tatsächlich vorgenommene Schenkungen ausgenutzten Freibeträge verfallen. Die Einzelheiten dazu finden Sie in Kapitel E. weiter unten dargestellt. Anhand konkreter Beispiele werde ich Ihnen dort vorrechnen, wie viel Sie sparen können durch die geschickte Ausnutzung von Gestaltungsspielräumen.

II. STEUERSÄTZE

Die Steuersätze für die Erbschafts- und Schenkungsteuer sind durch die Steuerreform zum 01.01.2009 in den
Steuerklassen II und III angehoben worden, wie die
nachfolgende Tabelle ausweist:

	Steuerklasse I		Steuerklasse II		Steuerklasse III	
Steuersatz-stufen	neu	alt	neu	alt	neu	alt
alt: bis €52.000 / neu: bis €75.000	7%	7%	15%	12%	30%	17%
alt: bis €256.000 / neu: bis €300.000	11%	11%	20%	17%	30%	23%
alt: bis €512.000 / neu: bis €600.000	15%	15%	25%	22%	30%	29%
alt: bis €5.113.000 / neu: bis €6.000.000	19%	19%	30%	27%	30%	35%
alt: bis €12.783.000 / neu: bis €13.000.000	23%	23%	35%	32%	50%	41%
alt: bis €25.565.000	27%	27%	40%	37%	50%	47%

neu: bis €26.000.000						
Darüber	30%	30%	43%	40%	50%	50%

Bitte beachten Sie, dass diese Steuersätze so zu verstehen sind, dass bei Überschreiten der angegebenen Schwellenwerte der entsprechende Steuersatz auf die gesamte Erbschaft bzw. die gesamte Schenkung (soweit der Freibetrag überschritten ist) angewendet wird und nicht nur auf den Anteil, der die Wertschwelle übersteigt. Bei einem Erbschaftswert von beispielsweise € 450.000 (nach Abzug von Freibeträgen) würden demnach 15% Erbschaftsteuer in der Steuerklasse I auf den gesamten Betrag anfallen (also € 67.500).

Da die Steuersätze nur auf das Vermögen zur Anwendung kommen, welches die (massiv erhöhten) persönlichen Freibeträge übersteigt, dürfte sich die Anhebung der Steuersätze nur für die Vererbung bzw. Schenkung größerer Vermögen auswirken. Darüber hinaus ist zu bedenken, dass die meisten Erben der **Steuerklasse I** angehören, in der es **keine Erhöhungen der Steuersätze** gegeben hat.

Wie auch das obige Beispiel zeigt, dürfte sich die Steuerreform daher trotz Anhebung der Steuersätze insgesamt für die breite Masse der vererbten und verschenkten Immobilien eher entlastend als belastend auswirken. Daher bleiben Immobilien auch im Hinblick auf die Erbschafts- und Schenkungsteuer weiterhin attraktiv in Deutschland.

III. STEUERBEFREIUNGEN

Es gibt im Gesetz einen Katalog von Steuerbefreiungen bei der Erbschafts- und Schenkungsteuer.

Steuerbefreit sind bei Erben der Steuerklasse I z.B. Hausrat und Kleidung bis zu einem Wert von € 41.000 und sonstige bewegliche Gegenstände (z.B. Auto) bis zu einem Wert von € 12.000.[6]

Interessanter dürfte die Befreiung für eine **selbst genutzte** Wohnimmobilie sein.[7] Demnach kann ein Eigenheim unabhängig vom Wert (!) vollständig steuerfrei **auf einen Ehegatten übertragen** werden. Das gilt sowohl für eine Schenkung zu Lebzeiten als auch für die Vererbung. Voraussetzung ist, dass die Wohnimmobilie den Lebensmittelpunkt der Eheleute darstellt. Eine nur gelegentlich genutzte Wohnimmobilie kann nicht steuerfrei übertragen werden.

Wenn Sie z.B. mit Ihrem Ehegatten in einer Ihnen gehörenden Villa in München Bogenhausen wohnen, die einen Wert von € 8 Millionen hat, dann können Sie diese bereits zu Lebzeiten z.B. hälftig steuerfrei an den Ehegatten verschenken oder im Erbfall steuerfrei an den Ehegatten vererben.

---

[6] Die entsprechenden Regelungen finden Sie in § 13 Abs. 1 ErbStG.

[7] Die entsprechende Regelung finden Sie in § 13 Abs. 1 Nr. 4a und 4b ErbStG.

Eine **selbst bewohnte Immobilie** kann auch von einer Steuerbefreiung profitieren bei der **Übertragung auf ein Kind**. Allerdings gibt es dann die einschränkende Anforderung, dass diese nicht mehr als 200 m^2 Wohnfläche haben darf und, dass diese von dem Kind nach Eintritt des Erbfalls mindestens 10 Jahre lang bewohnt werden muss.[8]

Darüber hinaus sind Denkmalschutzimmobilien unter bestimmten Voraussetzungen privilegiert.[9] Aber bitte beachten Sie, dass nicht jede Denkmalschutzimmobilie privilegiert ist, sondern nur solche, die die Anforderungen von § 13 Abs. 1 Nr. 2 ErbStG erfüllen. Eine dieser Anforderungen ist, dass die laufenden Kosten in der Regel die Einnahmen übersteigen. Diese Privilegierung bei der Schenkungs- und Erbschaftsteuer ist daher bei Lichte betrachtet jedenfalls keine ausreichende Motivation, in eine Denkschutzimmobilie zu investieren. Denn nur defizitäre Immobilien kommen in den Genuss der Steuerbefreiung.

---

[8] Die entsprechende Regelung finden Sie in § 13 Abs. 1 Nr. 4c ErbStG.

[9] Die entsprechende Regelung finden Sie in § 13 Abs. 1 Nr. 2 ErbStG.

IV. GRUNDERWERBSTEUER

In diesem Ratgeber werden auch Übertragungen von Immobilien und die steuerrechtlichen Konsequenzen besprochen. Daher möchte ich kurz auf das Thema der Grunderwerbsteuer eingehen. Vorab die gute Nachricht: Die Grunderwerbsteuer spielt in den typischen Konstellationen keine Rolle und dürfte Ihnen daher keine Kopfschmerzen bereiten.

In § 3 Nr. 2 GrEStG ist geregelt, dass **keine** Grunderwerbsteuer anfällt beim Erwerb durch Erbschaft oder Schenkung. Daher ist die Grunderwerbssteuer für die in diesem Buch besprochenen Themenfelder grundsätzlich nicht relevant.

Allerdings muss man eine Einschränkung machen: Wenn eine Schenkung unter Auflagen erfolgt, die zu einer Reduzierung des steuerrechtlich relevanten Wertes der Schenkung führt, kann das zu einer Grunderwerbssteuerpflicht führen.[10] Diese Fallgruppen werden als sogenannte teilentgeltliche Veräußerungsgeschäfte oder **gemischte Schenkungen** bezeichnet. Aber auch für diese Fälle kann in aller Regel Entwarnung gegeben werden. Denn meistens erfolgen solche Schenkungen unter Personen, für die es eine weitere Ausnahme von der Grunderwerbssteuer gibt: Denn bei Übertragungen von Grundstücken unter Ehegatten und Lebenspartnern sowie unter Verwandten in gerader Linie (d.h. Eltern, Kin-

---

[10] Das ist in § 3 Nr. 2 GrEStG geregelt.

der, Enkel, Großeltern usw.) fällt grundsätzlich **keine** Grunderwerbssteuer an.[11]

Daher ist es in den typischen Fallgestaltungen unter Beteiligung dieses Personenkreises nicht erforderlich, über die Grunderwerbssteuer weiter nachzudenken.

---

[11] Das ist in § 3 Nr. 4 und Nr. 6 GrEStG geregelt.

C. GESETZLICHE ERBFOLGE & DIE STEUERLICHEN KONSEQUENZEN

Sinnvoller Ausgangspunkt aller Überlegungen zur Gestaltung der Übertragung von Vermögen (und damit auch von Immobilien) auf die nachfolgenden Generationen ist eine Betrachtung der Folgen, wenn nichts geregelt wird.

Wenn Sie gar nichts regeln, tritt die gesetzliche Erbfolge nach dem Bürgerlichen Gesetzbuch (BGB) ein sobald Sie versterben. Wie diese aussieht und welche erbschaftsteuerlichen Folgen diese hat, erfahren Sie in den nachfolgenden Kapiteln I. und II.

I. Gesetzliche Erbfolge

Wenn Sie kein Testament errichten, tritt die gesetzliche Erbfolge ein. Diese ist im Bürgerlichen Gesetzbuch (BGB) in den §§ 1924 - 1936 niedergelegt.

Im Folgenden werde ich Ihnen die gesetzliche Erbfolge erklären. So können Sie einschätzen, welche Regelungen greifen wenn Sie nichts regeln. Darüber hinaus können Sie daraus ableiten, was Sie genau in Ihrem Testament niederlegen müssen, wenn Sie von der gesetzlichen Regelung abweichen wollen.

1. Rangfolge Gesetzlicher Erben

Als gesetzliche Erben sind die Verwandten und der überlebende Ehegatte bzw. Lebenspartner berufen. Der Ehegatte bzw. der Lebenspartner nimmt eine besondere Stellung in der gesetzlichen Erbfolge ein. Er ist **neben** den gesetzlichen Erben als Erbe berufen. Auf das Ehegattenerbrecht gehe ich weiter unten in diesem Kapitel unter Ziffer 2. weiter ein.

Die Verwandten des Erblassers sind in verschiedene Ordnungen eingeteilt. Diese Ordnungen sind in numerischer Reihenfolge als gesetzliche Erben vorgesehen:

Gesetzliche Erbfolge

4. Ordnung	3. Ordnung	2. Ordnung	1. Ordnung	2. Ordnung	3. Ordnung	4. Ordnung

1. Gesetzliche Erben erster Ordnung: Abkömmlinge des Erblassers (sämtliche vom Erblasser abstammende Personen, also Kinder, einschließlich der nichtehelichen und der adoptierten Kinder, Enkel, Urenkel)[12]

2. Gesetzliche Erben zweiter Ordnung: Eltern des Erblassers und deren Abkömmlinge (Vater, Mutter, Bruder, Schwester, Neffe, Nichte usw.).[13] Wenn zur Zeit des

---

[12] Das ist in § 1924 BGB geregelt.

[13] Das ist in § 1925 BGB geregelt.

Erbfalls beide Eltern noch leben, erben deren Kinder (also die Geschwister des Erblassers) nicht. Wenn nur noch ein Elternteil lebt, bekommt er die Hälfte der Erbschaft. Die andere Hälfte wird auf die Abkömmlinge des bereits verstorbenen Elternteils (= Geschwister des Erblassers und deren Kinder) aufgeteilt. Wenn keine Abkömmlinge vorhanden sind, erbt der überlebende Elternteil als Alleinerbe.

3. Gesetzliche Erben dritter Ordnung: Großeltern des Erblassers und deren Abkömmlinge (Onkel, Tante, Cousin, Cousine usw.).[14]

4. Gesetzliche Erben vierter Ordnung: Urgroßeltern des Erblassers und deren Abkömmlinge (Großonkel, Großtante usw.)[15]

5. Gesetzliche Erben fünfter Ordnung: Fernere Voreltern des Erblassers und deren Abkömmlinge.[16]

Es sind aber nicht alle Verwandten aller Ordnungen zu Erben berufen. Vielmehr **verdrängen Erben einer vorrangigen Ordnung Erben einer nachrangigen Ordnung** bei der Erbfolge.[17] Verwandte erster Ordnung schließen somit alle anderen Verwandten aus der zweiten Ordnung und nachfolgenden Ordnungen von der Erbfolge aus. Allerdings gilt dies nicht für den überlebenden Ehegatten bzw. Lebenspartner. Dieser nimmt eine beson-

---

[14] Das ist in § 1926 BGB geregelt.

[15] Das ist in § 1928 BGB geregelt.

[16] Das ist in § 1929 BGB geregelt.

[17] Das ist in § 1930 BGB geregelt.

dere Stellung in der gesetzlichen Erbfolge ein. Er ist **neben** den gesetzlichen Erben als Erbe berufen. Auf das Ehegattenerbrecht gehe ich weiter unten in diesem Kapitel unter Ziffer 2. weiter ein.

Innerhalb einer Ordnung gilt das **Repräsentationsprinzip**. Das beinhaltet, dass ein zur Zeit des Erbfalls lebender Verwandter alle anderen <u>über ihn</u> mit dem **Erblasser Verwandten der gleichen Ordnung** ausschließt. Hinterlässt der Erblasser beispielsweise einen Sohn und einen Enkel, so schließt der Sohn den Enkel nach dem Repräsentationsprinzip von der Erbfolge aus solange der Sohn lebt.

Darüber hinaus gibt es für die Verteilung des Erbes innerhalb der Ersten Ordnung das sogenannte **Stammesprinzip**. Die Erben, die über denselben Verwandtschaftsgrad mit dem Erblasser verwandt sind, bilden jeweils einen Stamm und erben zu gleichen Teilen. Wenn der Erblasser z.B. 2 Kinder hat, dann wird jedes Kind nach dem Stammesprinzip zu ½ gesetzlicher Erbe.

Innerhalb der zweiten und der dritten Ordnung gilt das **Erbrecht nach Linien**. Das bedeutet, dass die Erbschaft auf die beiden Elternteile des Erblassers zu gleichen Teilen aufgeteilt wird. Leben beide Eltern im Zeitpunkt des Erbfalles noch, erben sie zu gleichen Teilen. Nach dem Repräsentationsprinzip (welches innerhalb aller Ordnungen gilt) schließen sie etwaige Geschwister des Erblassers von der Erbschaft aus. Lebt zum Zeitpunkt des Erbfalles nur noch ein Elternteil und sind Geschwister des Erblassers vorhanden, so erbt der lebenden Elternteil zu ½ und die andere Hälfte wird zu gleichen Teilen unter den Geschwistern aufgeteilt. Wenn es neben dem noch lebenden Elternteil z.B. 2 Geschwister gibt, dann erben diese in einem solchen Fall neben dem noch lebenden Elternteil die Hälfte von ½ (also ¼).

Ab der Vierten Ordnung erbt nur noch derjenige allein, der mit dem Erblasser am nächsten verwandt ist.

Die klassischen Konstellationen der gesetzlichen Erbfolge kann man am besten anhand von Beispielen nachvollziehen:

Beispiel 1:

Der Witwer Albert hat 2 Töchter. Diese haben ihrerseits jeweils 2 Kinder. Albert hat somit 4 Enkel. Da er kein Testament gemacht hat, tritt bei seinem Ableben die gesetzliche Erbfolge ein.

Demnach werden seine beiden Töchter zu je ½ gesetzliche Erben der ersten Ordnung. Die 4 Enkel gehen leer aus, weil sie von den Töchtern nach dem Repräsentationsprinzip als gesetzliche Erben der gleichen Ordnung verdrängt werden.

Beispiel 2:

Alles wie in Beispiel 1 mit einem Unterschied: Eine Tochter ist bereits vorverstorben beim Ableben von Albert. Nun erbt die noch lebende Tochter ½ der Erbmasse und die beiden Kinder der verstorbenen Tochter als Enkel von Albert jeweils ¼ (= ½ von ½).

Da die zweite Tochter bereits tot ist, werden ihre Kinder als Abkömmlinge des Erblassers und Erben der ersten Ordnung nicht mehr durch ihre Mutter von der Erbfolge nach dem Repräsentationsprinzip ausgeschlossen. Sie sind zu gesetzlichen Erben neben der noch lebenden Tochter von Albert berufen.

Beispiel 3:

Gisela ist unverheiratet und hat keine Kinder. Bei ihrem Ableben leben noch ihr Vater und ein Bruder, der verheiratet ist und ein Kind hat. Da Gisela kein Testament gemacht hat, tritt die gesetzliche Erbfolge ein: Da es keine Erben erster Ordnung (Kinder, Enkel, Urenkel) gibt, sind die Eltern als Erben zweiter Ordnung zu gleichen Teilen als Erben berufen. Der noch lebende Vater erhält ½ der Erbschaft. Die andere Hälfte würde die Mutter erhalten wenn sie noch leben würde. Da sie bereits verstorben ist, geht ihre Hälfte auf ihren Sohn (= Bruder von Gisela) über. Die Kinder des Bruders gehen leer aus, weil sie nach dem Repräsentationsprinzip durch ihren Vater von der Erbfolge ausgeschlossen sind.

Beispiel 4:

Wie Beispiel 3 mit folgendem Unterschied: Gisela hat nicht nur einen Bruder, sondern noch eine Schwester.

In diesem Fall erbt der noch lebende Vater ½ der Erbmasse und die Schwester und der Bruder jeweils ¼ (= ½ von ½). Sie teilen sich den Anteil der Erbschaft, der auf die Mutter von Gisela übergegangen wäre, wenn sie noch leben würde.

Beispiel 5:

Erika ist Einzelkind. Sie ist unverheiratet und hat keine Kinder. Ihre beiden Eltern und sämtliche Großeltern sind bereits verstorben. Es leben lediglich noch ein Onkel (= Bruder der Mutter) und eine Tante (= Schwester ihres Vaters).

Da Erika kein Testament gemacht hat, tritt die gesetzliche Erbfolge ein: Da Erika keine Kinder, Enkel, oder Urenkel hat und damit keine Erben erster Ordnung vorhanden sind, würde die Erbschaft zunächst auf die Eltern als Erben zweiter Ordnung übergehen. Da diese nicht mehr leben und auch keine Geschwister von Erika vorhanden sind, geht die Erbschaft zu gleichen Teilen an die 4 Großeltern als Erben dritter Ordnung, weil es keine Erben zweiter Ordnung gibt. Da auch diese nicht mehr leben, geht die Erbschaft an die Kinder der Großeltern (= Onkel und Tante von Erika) als nächste Erben der dritten Ordnung. Die Hälfte der Erbschaft, die auf die Großeltern mütterlicherseits übergegangen wäre, geht an den Onkel und die Hälfe, die auf die Großeltern väterlicherseits übergangen wäre, geht an die Tante von Erika.

Beispiel 6:

Wie Beispiel 5 mit dem Unterschied, dass es neben dem Onkel (Bruder der Mutter) zwei Tanten gibt, die beide Schwestern des Vaters von Erika sind.

In diesem Fall teilt sich die Hälfte der Erbschaft, die auf die Großeltern väterlicherseits übergegangen wäre, zu gleichen Teilen auf die Tanten auf. Diese erben somit zu je ¼ (= ½ von ½). Die andere Hälfte geht auf den Onkel mütterlicherseits über.

2. Ehegattenerbrecht

Für den Ehegatten hat der Gesetzgeber ein eigenes Erbrecht geschaffen, das auf besonderen gesetzlichen Regelungen beruht. So ist sichergestellt, dass der Ehegatte beim Tod seines Ehepartners auch bei der gesetzlichen Erbfolge nicht leer ausgeht.

Die Vorschriften über Ehegatten gelten genauso für eingetragene **Lebenspartner** nach dem Lebenspartnerschaftsgesetz. Wenn in den nachfolgenden Ausführungen von Ehegatten gesprochen wird, sind damit stets auch Lebenspartner gemeint, die eine eigetragene Lebenspartnerschaft begründet haben.

Das Ehegattenerbrecht setzt eine bestehende Ehe voraus. Eine geschiedene Ehe oder eine im gerichtlichen Scheidungsverfahren befindliche Ehe ist nicht ausreichend.

Das gesetzliche Ehegattenerbrecht ist inhaltlich wie folgt ausgestaltet: Der Ehegatte wird zunächst Erbe des ehelichen Hausrates und der Hochzeitsgeschenke.[18] Der weitere Umfang des gesetzlichen Ehegattenerbteils hängt davon ab, welche Verwandten als gesetzliche Erben neben dem Ehegatten berufen sind. Darüber hinaus spielt der eheliche Güterstand (Zugewinngemeinschaft, Gütertrennung oder Gütergemeinschaft) eine Rolle.

Sind neben dem Ehegatten gesetzliche Erben erster Ordnung (Kinder, Enkel, Urenkel) zu Erben berufen, erbt

---

[18] Das ist in § 1932 BGB geregelt.

der Ehegatte ¼ der Erbmasse.[19] Sind neben dem Ehegatten gesetzliche Erben der zweiten Ordnung erbberechtigt, erbt der Ehegatte ½ der Erbmasse. Gegenüber allen anderen Verwandten des Erblassers erbt der Ehegatte als Alleinerbe die gesamte Erbmasse.

Dieses Ergebnis wird in Abhängigkeit vom ehelichen Güterstand noch etwas modifiziert durch das Gesetz:[20]

Bei der **Zugewinngemeinschaft** wird der Zugewinnausgleich im Todesfall dadurch fingiert, dass das gesetzliche Erbteil des überlebenden Ehegatten pauschal um ¼ erhöht wird.[21] Und zwar unabhängig davon, ob während der Ehe ein Zugewinn erwirtschaftet wurde oder nicht.[22] Mit dieser Erhöhung des gesetzlichen Erbteils um ¼ ergibt sich daraus also ein Erbteil des Ehegatten neben Verwandten erster Ordnung von insgesamt ½ (= ¼ + ¼) und neben Verwandten zweiter Ordnung von insgesamt ¾ (= ½ + ¼). In Gesprächen stelle ich immer wieder fest, dass viele Eheleute nicht genau wissen, welchen Güterstand sie vereinbart haben. In diesen Fällen kommt man trotzdem in aller Regel schnell zu einem Ergebnis: Denn es gilt kraft Gesetz der Güterstand der Zugewinngemeinschaft, wenn Eheleute **keinen** güterrechtlichen Vertrag beim Notar geschlossen haben. Das ist der mit

---

[19] Das ist in § 1931 Abs. 1 BGB geregelt.

[20] Das ist in § 1931 BGB geregelt.

[21] Das ist in § 1371 BGB geregelt.

[22] Das ist in § 1371 BGB geregelt.

Abstand häufigste Güterstand bei Eheleuten in Deutschland.

Im Falle der **Gütertrennung** erbt der Ehegatte neben Kindern des Erblassers zu gleichen Teilen.[23] Diese Regelung stellt sicher, dass der überlebende Ehegatte immer genau so viel erhält wie die Kinder des Erblassers.

Leben die Eheleute in **Gütergemeinschaft**, werden keine Modifizierungen an der gesetzlichen Erbfolge und am Ehegattenerbrecht vorgenommen. Es verbleibt bei den oben dargestellten Regelungen.

Ich möchte Ihnen die Konsequenzen aus diesen Regelungen anhand einiger Beispiele demonstrieren:

Beispiel 1:

Gisela und Heinz sind verheiratet und haben 2 Kinder. Da sie keinen güterrechtlichen Ehevertrag geschlossen haben, leben sie im Güterstand der Zugewinngemeinschaft. Sie haben kein Testament gemacht.

Beim Ableben von Gisela tritt daher die gesetzliche Erfolge ein, die wie folgt aussieht: Neben den Kindern als gesetzlichen Erben erster Ordnung erbt Heinz als Ehegatte zunächst ¼ des Vermögens von Gisela. Da er mit Gisela bis zum Eintritt des Erbfalls im Güterstand der Zugewinngemeinschaft gelebt hat, wird sein Erbteil pauschal um ¼ erhöht. Insgesamt erhält er somit ½ der Erbschaft. Die andere Hälfte teilt sich zu gleichen Teilen auf die

---

[23] Das ist in § 1931 Abs. 4 BGB geregelt.

Kinder auf, die zu je ¼ Erbe werden.

Heinz und die Kinder bilden kraft Gesetzes eine Erbengemeinschaft mit ihren quotalen Erbteilen als Anteil an der Erbengemeinschaft. Sie müssen sich als Mitglieder der Erbengemeinschaft über alle Fragen der Verwaltung und Veräußerung der Erbmasse abstimmen und einigen.[24]

Beispiel 2:

Wie Beispiel 1 mit folgendem Unterschied: Gisela und Heinz haben bei der Eheschließung einen notariellen Vertrag geschlossen und Gütertrennung vereinbart.

In diesem Fall sind Heinz und die Kinder zu gleichen Teilen als gesetzliche Erben berufen. Jedem fällt 1/3 der Erbschaft zu.

3. Erbengemeinschaft

Sind mehrere Personen zu Erben berufen, so bilden Sie eine Erbengemeinschaft kraft Gesetzes. Die Erbmasse ist der Erbengemeinschaft zugeordnet und nicht den einzelnen Erben.[25] Die Erben partizipieren in Höhe ihrer Erbquote am Gesellschaftsvermögen der Erbengemeinschaft.

Solange die Erbengemeinschaft nicht auseinanderge-

---

[24] Die Details zur Erbengemeinschaft können Sie in Kapitel C. I. 3. nachlesen.

[25] Das ist in § 2032 BGB geregelt.

setzt ist, können Entscheidungen über die Verwaltung und Veräußerung der Erbmasse nur gemeinschaftlich im Konsens getroffen werden.[26] Das kann insbesondere dann zum Problem werden, wenn es Konflikte unter den Erben gibt.

Jedes Mitglied kann einen Antrag auf Auseinandersetzung der Erbengemeinschaft stellen.[27] Das führt jedoch häufig zu einem erzwungenen Verkauf von Gegenständen der Erbmasse mit entsprechend negativen Auswirkungen auf erzielbare Veräußerungserlöse. Vorzugswürdig ist daher eine Einigung unter den Mitgliedern der Erbengemeinschaft über die Verteilung der Nachlassgegenstände unter ihnen bzw. über den freihändigen Verkauf und die Verteilung des Erlöses nach den Erbquoten.

---

[26] Das ist in § 2038 BGB geregelt.

[27] Das ist in § 2042 BGB geregelt.

II. STEUERLICHE KONSEQUENZEN DER GESETZLICHEN ERBFOLGE

Nun schließen sich wichtige Überlegungen an, welche Erbschaftsteuern bei der gesetzlichen Erbfolge anfallen. Das ist ein wichtiger Erkenntnisbaustein für die Orientierung. Denn davon hängt auch die Entscheidung ab, ob man Abweichungen von der gesetzlichen Erbfolge mittels Testament regeln sollte, um die Erbschaftsteuern zu vermeiden oder zu reduzieren. Darüber hinaus stellt sich die Frage, ob man bereits zu Lebzeiten Schenkungen vornehmen sollte, um die Erbschaftsteuer zu reduzieren.

Vorab möchte ich Ihnen erklären, worauf nun genau Erbschaftsteuer anfällt und wie diese errechnet werden kann:

Die **Erbschaftsteuer** fällt an, wenn Vermögensgegenstände durch Erbfall erworben werden. Dabei wird **nicht** der Nachlass des Verstorbenen als Ganzes belastet, sondern der Vermögensteil, der auf einen Erben übergeht. Das bedeutet, dass die Steuer bei dem Erben auf den Teil der Erbmasse anfällt, der ihm vom Erblasser zugewendet worden ist und nicht auf die Erbschaft als Ganzes. Wenn z.B. ein Mietshaus mit 10 Wohnungen an 2 Kinder zu je ½ vererbt wird, dann fällt die Erbschaftsteuer bei jedem Kind an und bezieht sich dann auf ½ der Erbmasse, d.h. auf die Hälfte des Wertes des Mietshauses und nicht auf das ganze Mietshaus.

Wie wir oben gesehen haben, stehen den Verwandten des Erblassers persönliche Freibeträge bei der Erbschaftsteuer zu. Wenn wir nun in einem konkreten Fall ermitteln, welcher Erbteil nach der gesetzlichen Erbfolge an welchen Verwandten fallen würde und den Wert des jeweiligen Erbteils mit dem persönlichen Freibetrag des Verwandten abgleichen, dann führt uns das zu der Erkenntnis, dass entweder überhaupt keine Erbschaftsteuer anfällt, weil die Freibeträge nicht überschritten sind oder, dass für alle oder einige der Erben Erbschaftsteuern anfallen würden. Die Höhe der Steuer kann dann leicht mit den einschlägigen Steuersätzen aus der Tabelle in Kapitel B. II. ermittelt werden.

Am besten lässt sich das an einem Beispiel erklären:

Beispiel:

Der Witwer und private Immobilieninvestor Eduard Reich hat in seinem Leben erfolgreich in Wohnimmobilien investiert und insgesamt 4 Mietwohnhäuser gekauft und vollständig entschuldet. Diese haben einen Verkehrswert von insgesamt € 2.400.000 (2 x € 400.000 und 2 x € 800.000). Weiteres Vermögen hat er nicht.

Er hat 2 Kinder im Alter von 40 und 45 Jahren. Beide Kinder sind verheiratet und haben jeweils 2 Kinder, so dass Eduard also noch 4 Enkel hat. Er denkt über eine Strategie nach, um seinen Kindern und Enkelkindern bei seinem Ableben in größtmöglichem Umfang Erbschaftsteuern zu ersparen.

Werfen wir zunächst einmal einen Blick auf die anfallenden Erbschaftsteuern, die bei der gesetzlichen Erbfolge anfallen würden:

Beide Kinder würden als gesetzliche Erben der ersten Ordnung zu je ½ erben und nach dem Repräsentationsprinzip die Enkelkinder von der Erbfolge ausschließen. Jedes der beiden Kinder würde demnach Immobilien im Wert von € 1.200.000 erben. Für im Privatvermögen gehaltene und vermietete Wohnimmobilien dürfen 10% vom Wert abgezogen werden.[28] Das wären bei jedem Erben € 120.000, so dass ein Wert der Erbschaft in Höhe von € 1.080.000 pro Kind verbleibt.

Dafür kann nun der Freibetrag in Höhe von € 400.000 von jedem Kind in Anspruch genommen werden.[29] Dann verbleibt ein steuerpflichtiger Erbschaftswert in Höhe von € 680.000 pro Kind. Darauf fallen Erbschaftsteuern in Höhe von 19% (= € 129.200)[30] an. In der Summe fallen somit insgesamt € 258.400 (= 2 x € 129.200) Erbschaftsteuern an.

Das ist ziemlich viel Geld und es lohnt sich, über eine Strategie zur Absenkung nachzudenken.

Für diesen Beispielsfall gibt es eine relativ einfache

---

[28] Ich verweise dazu auf § 13d ErbStG.

[29] Ich verweise dazu auf die Tabelle mit den ausgewiesenen Freibeträgen in der Steuerklasse I, die Sie oben in Kapitel B. I. finden.

[30] Ich verweise dazu auf die Tabelle mit den ausgewiesenen Steuersätzen in der Steuerklasse I, die Sie oben in Kapitel B. II. finden.

Möglichkeit, die Erbschaftsteuern zu reduzieren. Ich möchte Ihnen das durch eine Alternative zum obigen Beispiel darstellen:

Beispiel:

Eduard macht ein Testament und regelt darin, dass seine beiden zu je ½ als Erben eingesetzten Kinder verpflichtet sind, an die Enkel jeweils € 200.000 auszuzahlen oder Vermögenswerte aus der Erbschaft zu übertragen, die einen entsprechenden Wert haben. Rechtstechnisch wäre eine solche Regelung eine Beschwerung der Erben mit einem Vermächtnis.[31]

Im Ergebnis führt das dazu, dass der Wert der Erbschaft sich entsprechend reduziert und dadurch ein geringerer Betrag versteuert werden muss. Das bedeutet im konkreten Fall, dass sich der Wert der Erbschaft der beiden Kinder jeweils um € 400.000 (= 2 x € 200.000) reduziert. Es müssten folglich nicht mehr € 680.000 versteuert werden, sondern nur noch € 280.000. Das hat auch noch den nützlichen Nebeneffekt, dass der Steuersatz von 19% auf 11% sinkt.[32] Das führt zu einer Erbschaftsteuer in Höhe von € 30.800 (= 11% von € 280.000). Daraus ergibt sich pro Kind eine Steuerersparnis von fast € 100.000. Für die Enkel fallen keine Erbschaftsteuern an,

---

[31] Dazu verweise ich auf die detaillierten Ausführungen in Kapitel D. II. 2.

[32] Ich verweise dazu auf die Tabelle mit den ausgewiesenen Steuersätzen in der Steuerklasse I, die Sie oben in Kapitel B. II. finden.

weil der ihnen durch Vermächtnis zugewendete Wert den Freibetrag der Enkel von € 200.000 nicht überschreitet.

Allein dieses Beispiel dürfte eindrucksvoll demonstriert haben, dass es sinnvoll ist, rechtzeitig über alternative Gestaltungen zur gesetzlichen Erbfolge nachzudenken und dabei die Erbschaftsteuer im Blick zu behalten.

D. SPIELRÄUME ZUR GESTALTUNG IM TESTAMENT

Durch das Beispiel im vorhergehenden Kapitel konnte ich Ihnen die Einsparmöglichkeiten bei der Erbschaftsteuer durch eine von der gesetzlichen Erbfolge abweichende Regelung in einem Testament demonstrieren. In diesem Kapitel werde ich Ihnen systematisch die verschiedenen Möglichkeiten weiter auffächern. So können Sie für Ihren konkreten Fall entsprechende Lösungsansätze ableiten.

Darüber hinaus werde ich Ihnen die Konsequenzen aus der Anwendung der Erkenntnisse anhand von konkreten Beispielsfällen vorrechnen. So erlangen Sie auch ohne steuerrechtliche Vorbildung eine Wissensgrundlage, die Ihnen konkrete Überlegungen zur steueroptimierten Gestaltung Ihrer Erbfolge ermöglicht.

I. TESTIERFREIHEIT & FORMANFORDERUNGEN AN EIN TESTAMENT

Wenn Sie Abweichungen von der gesetzlichen Erbfolge regeln möchten, müssen Sie ein Testament errichten.

Nach deutschem Recht hat jeder Bürger Testierfreiheit. Dieses Grundrecht ist sogar mit Verfassungsrang ausgestattet und in Artikel 14 des Grundgesetzes ausdrücklich garantiert. Das Grundrecht auf Eigentum und die Freiheit zur Bestimmung eines Erben als Rechtsnachfolger nach dem Tod eines Menschen sind essentiell wichtig für einen funktionierenden Rechtsstaat. Denn diese Freiheiten sind die Motivation und das Fundament für Menschen, überdurchschnittliche Leistungen anzustreben. Dazu gehört natürlich die Freiheit zum Aufbau und zur Erhaltung von Vermögen ebenso wie die Freiheit zur Bestimmung eines Erben.

Der Gesetzgeber hat vor diesem Hintergrund nur wenige Einschränkungen des Erbrechtes gesetzlich geregelt. Dazu gehört z.B. das Pflichtteilsrecht der Kinder und des Ehegatten des Erblassers.[33] Die Freiheit eines Erblassers, nach Belieben einen Erben einzusetzen und gesetzliche Erben zu übergehen, wird hier begrenzt. Demnach haben Kinder und der Ehegatte eines Erblassers auch bei voll-

---

[33] Das ist in § 2303 BGB geregelt. Die Details können Sie in Kapitel D. V. dieses Buches nachlesen.

ständiger Enterbung in einem Testament einen Anspruch gegen den oder die Erben auf Zahlung des Pflichtteils.

Der Pflichtteil entspricht der Hälfte des gesetzlichen Erbteils. Wenn beispielsweise ein Witwer 3 Kinder hat und eines der 3 Kinder im Testament zum Alleinerben einsetzt, dann haben die beiden anderen Kinder nach Eintritt des Erbfalles gegen den Alleinerben einen Anspruch auf Zahlung von 1/6 des Wertes der Erbschaft als Pflichtteil. Denn 1/6 ist exakt die Hälfte des gesetzlichen Erbteils von 1/3.

1. Formanforderungen an Testament

Kommen wir zu den **Formanforderungen** an ein Testament. Überraschend ist zunächst, dass ein säuberlich mit dem Computer erstellter und ausgedruckter und schließlich unterschriebener Text der schwerste Formfehler ist, den man begehen kann. Es mag sauber und ordentlich aussehen, ist aber formunwirksam und daher nichtig.

Der Gesetzgeber hat für die Errichtung eines Testamentes eine besondere Formvorschrift geregelt: Das Testament bedarf zur Wirksamkeit der **vollständigen eigenhändigen und handschriftlichen** Abfassung. Maschinenschrift (Computerausdruck, e-mail, Schreibmaschine) sind formunwirksam. Nachfolgend finden Sie den Gesetzestext mit der entsprechenden Regelung im Bürgerlichen Gesetzbuch (BGB) wiedergegeben:

§ 2247 Eigenhändiges Testament

(1) Der Erblasser kann ein Testament durch **eine eigenhändig geschriebene und unterschriebene** Erklärung errichten.

(2) Der Erblasser soll in der Erklärung angeben, zu welcher Zeit (Tag, Monat und Jahr) und an welchem Ort er sie niedergeschrieben hat.

(3) Die Unterschrift soll den Vornamen und den Familiennamen des Erblassers enthalten. Unterschreibt der Erblasser in anderer Weise und reicht diese Unterzeichnung zur Feststellung der Urheberschaft des Erblassers und der Ernstlichkeit seiner Erklärung aus, so steht eine solche Unterzeichnung der Gültigkeit des Testaments nicht entgegen.

(4) Wer minderjährig ist oder Geschriebenes nicht zu lesen vermag, kann ein Testament nicht nach obigen Vorschriften errichten.

(5) Enthält ein nach Absatz 1 errichtetes Testament keine Angabe über die Zeit der Errichtung und ergeben sich hieraus Zweifel über seine Gültigkeit, so ist das Testament nur dann als gültig anzusehen, wenn sich die notwendigen Feststellungen über die Zeit der Errichtung anderweit treffen lassen. Dasselbe gilt entsprechend für ein Testament, das keine Angabe über den Ort der Errichtung enthält.

Auch wenn zur Erbmasse Immobilien gehören, reicht eine einfache handschriftliche Erklärung für ein wirksames Testament aus. Es bedarf auch dann keiner notariellen Beurkundung. Das wirkt zunächst erstaunlich, weil für die wirksame Übertragung des Eigentums an Immobilien durch Rechtsgeschäft (Verkauf oder Schenkung) die notarielle Beurkundung vorgeschrieben ist. Das Testament ist jedoch eine Durchbrechung dieser Formanforderungen.

Die notarielle Beurkundung eines Testamentes ist zwar nicht erforderlich. Sie ist aber eine mögliche Form der wirksamen Errichtung. Das vor einem Notar erklärte und notariell beurkundete Testament wird als **Öffentliches Testament** bezeichnet.[34] Dazu erklärt der Erblasser dem Notar mündlich oder schriftlich seinen letzten Willen. Der Notar dokumentiert den letzten Willen in einer notariellen Urkunde. Der Vorteil eines solches Testamentes besteht darin, dass der Notar prüfen und darüber beraten kann, ob der Text hinreichend deutlich den Willen des Erblassers zum Ausdruck bringt. Darüber hinaus wird die Anfechtung des Testamentes erschwert, weil der Einwand der Fälschung oder der Testierunfähigkeit des Erblassers nahezu unmöglich gemacht wird. Der Nachteil besteht darin, dass für ein solches Testament Notarkosten entstehen, die durchaus beachtlich sein können. Für die Beurkundung eines Berliner Testamentes über eine Erbmasse von beispielsweise € 1.000.000 fallen € 4.129,30 Notargebühren (inklusive Mehrwertsteuer) an.

Ein Testament kann grundsätzlich jederzeit geändert

---

[34] Das ist in § 2232 BGB geregelt.

oder widerrufen werden. Ausnahmen bestehen für den Erbvertrag und das gemeinschaftliche Testament nach dem Tod eines der der beiden Ehegatten.[35] Für den Widerruf ist es ausreichend, die Testamentsurkunde zu vernichten. Ist ein Testament in amtliche Verwahrung gegeben, erfolgt der Widerruf durch die Rücknahme der Testamentsurkunde aus der Verwahrung.[36] Es ist keine Wirksamkeitsvoraussetzung des Widerrufs oder der Abänderung eines Testamentes, dass die von der Änderung betroffenen Erben darüber informiert werden. Das heißt allerdings nicht, dass man die betroffenen Angehörigen nicht informieren sollte.

2. Amtliche Verwahrung eines Testamentes

Es ist für die Wirksamkeit **nicht** erforderlich, ein Testament in amtliche Verwahrung eines Notars oder eines Amtsgerichtes zu geben. Die Möglichkeit besteht aber.[37] Die amtliche Verwahrung kann angeraten sein, wenn Grund zu der Annahme besteht, dass es über das Erbe zum Streit kommt unter den Erben und die Gefahr besteht, dass ein Testament verschwindet, weil es von einer Person gefunden wird, die enterbt worden ist oder sich benachteiligt fühlt.

---

[35] Auf diese Ausnahmen gehe ich weiter unten in Kapitel D. IV. 1. und 2. detailliert ein.

[36] Das ist in § 2256 BGB geregelt.

[37] Das ist in § 2248 BGB geregelt.

Ein weiterer Grund für die amtliche Verwahrung eines Testamentes kann sich daraus ergeben, dass ein Testator im Vorhinein nicht mit den Erben über die Erbeinsetzung sprechen und gleichwohl sicher gehen will, dass sein Testament gefunden und erfüllt wird. Durch die amtliche Verwahrung des Testamentes bei einem Amtsgericht und durch die von Amts wegen erfolgende Eröffnung des Testamentes beim Tod eines Testators ist sichergestellt, dass der Inhalte des Testamentes den Erben und anderweitig Bedachten unverfälscht zur Kenntnis gebracht wird.[38] Die Kenntnisnahme des Amtsgerichts vom Tod eines Testators ist durch gesetzliche Benachrichtigungspflichten gewährleistet. Daher ist die amtliche Verwahrung ein sehr sicherer Weg, der auch unabhängig von Befürchtungen der Verfälschung oder des Verschwindens von Testamenten in jedem Fall empfehlenswert ist, um sicherzustellen, dass alle Bedachten offiziell informiert werden und der Inhalt des Testamentes nach Möglichkeit auch umgesetzt wird.

Das eingereichte Testament wird vom Rechtspfleger des Amtsgerichtes in einen Umschlag gegeben, der dann amtlich versiegelt wird. Die amtliche Verwahrung wird beim Gericht in einem Hinterlegungsbuch vermerkt und den Testatoren wird über die Hinterlegung ein Hinterlegungsschein erteilt. Die Kosten für die amtliche Verwahrung sind mit € 75 überschaubar.

---

[38] Das ist in § 348 Familienverfahrensgesetz (FamFG) geregelt.

Die amtliche Hinterlegung eines Testamtens beim Amtsgericht führt **nicht** zu einer Prüfung des Inhaltes durch das Gericht. Es erfolgt auch keine Beratung durch das Gericht. Eine solche Beratung kann man nur von einem Rechtsanwalt oder Notar erhalten.

Im Kapitel „**G. Anhang (Mustertexte)**" finden Sie einen Mustertext unter Ziffer IV. für die Einreichung eines Testamtes in die amtliche Verwahrung bei einem Amtsgericht.

Unabhängig davon, ob Sie sich für oder gegen die amtliche Verwahrung Ihres Testamentes entscheiden, empfehle ich grundsätzlich, einen Konsens mit den Erben und anderweitig Bedachten in einem offenen Gespräch anzustreben und für eine Atmosphäre des Vertrauens und des wechselseitigen Verständnisses zu sorgen, um den Befürchtungen des Verschwindens oder der Verfälschung eines Testamentes die Grundlage zu entziehen. Bei der Errichtung eines Testamentes geht es natürlich um die Absicherung und Versorgung der Angehörigen. Dabei ist einem Erblasser im Normalfall auch wichtig, dass die nächsten Angehörigen wissen, welche Regelungen getroffen sind im Falle des Todes des Erblassers. Ein weiterer Aspekt ist, dass der Erblasser durch eine Erbeinsetzung bestimmte Angehörige motivieren möchte, sich um ihn zu kümmern. Das gilt insbesondere für den Fall der Hilfsbedürftigkeit im Alter. Auch vor diesem Hintergrund ist es ratsam, mit den Erben und Angehörigen offen und ehrlich über getroffene Regelungen zu sprechen.

II. ERBEINSETZUNG, VERMÄCHTNIS, AUFLAGE

Das Erbrecht sieht verschiedene Möglichkeiten vor, in einem Testament den Vermögensübergang zu regeln. Wer ein Testament macht, sollte diese Möglichkeiten kennen und insbesondere wissen, in welchem Verhältnis sie zueinander stehen. Deshalb möchte ich Ihnen diese im Folgenden darstellen.

1. Erbeinsetzung

In einem Testament muss ein Erblasser zunächst regeln, **wer** Erbe werden soll und **mit welcher Quote** er einen Erben bedenken will. Eine solche Regelung ist unverzichtbar. Eine detaillierte Regelung, wer was erhalten soll, ersetzt eine solche Erbeinsetzung nach Quoten nicht. Dieser Fehler wird sehr häufig gemacht.

Die Erbeinsetzung regelt, wer im Wege der Gesamtrechtsnachfolge nach dem Tod des Erblassers an seine Stelle tritt. Eine solche Regelung ist unverzichtbar, weil das Vermögen nicht im luftleeren Raum hängen kann, sondern stets einem oder mehreren Menschen oder einer juristischen Person (z.B. GmbH) als Rechtsträger zugeordnet sein muss. Wenn mehrere Personen Erben werden (z.B. 2 Kinder zu je ½), dann bilden alle Erben kraft Gesetzes eine Erbengemeinschaft. Für die Erbengemeinschaft gelten Regelungen des Gesellschaftsrechtes in entsprechender Anwendung. Das heißt, dass alle Erben Gesellschafter der Erbengemeinschaft werden und als solche quotal am Gesellschaftsmögen (= Erbmasse) beteiligt sind und entsprechendes Stimmgewicht bei Beschlussfassungen in der Gesellschaft haben.

2. Vermächtnis

Das Vermächtnis unterscheidet sich von der Erbeinsetzung grundlegend. Es ist das richtige Instrument, wenn der Erblasser einer Person einen bestimmten Gegenstand aus der Erbmasse oder einen Anspruch auf Zahlung einer Geldsumme gegen die Erbmasse zuwenden will.[39] Verpflichteter aus einem Vermächtnis sind der Erbe oder die Erbengemeinschaft (wenn es mehrere Erben gibt).[40] Der Berechtigte aus einem Vermächtnis wird Vermächtnisnehmer genannt.

Mit Eintritt des Erbfalls erwirbt der Vermächtnisnehmer einen Anspruch gegen den oder die Erben auf Erfüllung des Vermächtnisses.[41] Der zugewendete Vermögensgegenstand geht also nicht direkt vom Erblasser auf den Vermächtnisnehmer über. Er fällt vielmehr zunächst an die Erben, die ihn an den Vermächtnisnehmer übertragen müssen. Der Anspruch kann vom Vermächtnisnehmer auch eingeklagt werden, wenn die Erben die Er-

---

[39] Das ist in § 1939 und in den §§ 2147 ff. BGB geregelt. Möglich ist allerdings auch, dass ein Vermächtnisnehmer mit einem Vermächtnis beschwert wird.

[40] Das ist in § 2147 BGB geregelt.

[41] Das ist in § 2174 und § 2176 BGB geregelt.

füllung verweigern.

Wenn der Erblasser einem Erben z.B. eine bestimmte Immobilie versprochen hat, dann würde er mittels eines Vermächtnisses regeln, dass der Erbe oder die Erbengemeinschaft verpflichtet ist, diese Immobilie auf den Vermächtnisnehmer zu übertragen.

Gegenstand eines Vermächtnisses können auch Ansprüche auf Geldzahlungen sein. Ein Erblasser könnte z.B. anordnen, dass seine zu je ½ als Erben eingesetzten Kinder verpflichtet sind, aus der Erbschaft an jeden Enkel einen Geldbetrag in Höhe von € 200.000 zu zahlen. Mit Eintritt des Erbfalls erwirbt dann jeder Enkel einen entsprechenden Zahlungsanspruch gegen die Erbengemeinschaft.

Vermächtnisse können vom Vermächtnisnehmer wie eine Erbschaft wahlweise angenommen oder ausgeschlagen werden.[42] Ein Vermächtnis kann auch unter eine aufschiebende Bedingung gestellt werden (z.B. Eintritt der Volljährigkeit des Vermächtnisnehmers).[43]

Vermächtnisse sind sehr flexible Mittel zur detaillierten und durchdachten Regelung der Verteilung des Vermögens. Sie sind auch hilfreiche Instrumente bei der Vermeidung von Erbschaftsteuern. Das hatte ich Ihnen bereits oben anhand eines Beispielfalles eines Vermächtnisses für einen Anspruch auf Geldzahlung der Enkel ge-

---

[42] Das ist in § 2180 BGB geregelt.

[43] Das ist in § 2162 und § 2177 BGB geregelt.

gen die Kinder des Erblassers in einem Testament demonstriert.[44]

3. Auflagen des Erblassers

Schließlich hat der Erblasser die Möglichkeit, in seinem Testament Auflagen für Erben oder Vermächtnisnehmer zu machen.

Der Erblasser kann die Nichteinhaltung der Auflagen
auch mit Sanktionen verknüpfen. Möglich ist sogar die
Sanktion, dass eine Erbeinsetzung bzw. ein Vermächtnis
unter die auflösende Bedingung gestellt wird, dass der
Erbe bzw. Vermächtnisnehmer die Auflagen nicht ein-
hält.[45] Dann verwirkt der Erbe oder Vermächtnisnehmer
seine Rechte, wenn er gegen die Auflage verstößt.

Manche Erblasser machen den Fehler, in einem Testament zahlreiche Bedingungen und Wünsche an das
Verhalten ihrer Erben und Vermächtnisnehmer zu formulieren, ohne über die praktische Umsetzbarkeit nachzudenken. Wenn ein Erblasser z.B. formulieren würde,
dass ein Erbe „...rückwirkend und vollständig enterbt
wird, wenn er nach meinem Tod schlecht über mich re-
det...", dann ist das natürlich wenig praktikabel.

Nehmen wir ein anderes Beispiel für eine praktikable
Bedingung: Es wäre z.B. möglich, als aufschiebende Be-

---

[44] Ich verweise dazu auf die Ausführungen in Kapitel C.II.

[45] Ich verweise dazu auf Bundesgerichtshof, Urteil vom
24.06.2009 (Az IV ZR 202/07).

dingung für die Fälligkeit eines Zahlungsanspruches eines Enkels aus einem Vermächtnis zu regeln, dass der Enkel erfolgreich einen Universitätsabschluss macht. Mit Bestehen der Abschlussprüfung würde der Enkel dann seinen Anspruch auf die Zahlung aus dem Vermächtnis geltend machen können.

Seien Sie vorsichtig mit der Formulierung von Auflagen und Bedingungen in Ihrem Testament. Wenn diese nicht praktikabel sind, kann das Anlass zu langen und schwierigen Streitigkeiten unter den Erben geben.

4. Testamentsvollstreckung

Bei einer sehr umfangreichen Erbmasse oder bei einer Vielzahl von Erben und Vermächtnisnehmern kann es sinnvoll sein, eine Testamentsvollstreckung anzuordnen und im Testament einen Testamentsvollstrecker zu ernennen. Diese Möglichkeit ist im Gesetz vorgesehen.[46]

Bei der Anordnung einer Testamentsvollstreckung durch den Testator wird die Erbmasse nicht von dem Erben oder der Erbengemeinschaft verwaltet und auseinandergesetzt, sondern von dem Testamentsvollstrecker. Dabei sind zwei verschiedene Mandate möglich: Der Testamentsvollstrecker kann mit der Verwaltung oder mit der Auseinandersetzung der Erbmasse beauftragt werden. Dafür erhält der Testamentsvollstrecker die Verwaltungs-

---

[46] Ich verweise dazu auf die §§ 2197 bis 2228 BGB.

und Verfügungsmacht über die Erbmasse.[47]

Da der Testamentsvollstrecker Zugriff auf die Erbmasse hat, ist es wichtig, dass die von dem Testator als Testamentsvollstrecker bestimmte Person vertrauenswürdig, geschäftlich erfahren und kompetent ist. Darüber hinaus ist es von Vorteil, dass der Testamentsvollstrecker keine Eigeninteressen verfolgt, sondern neutral im Interesse aller Erben und Bedachten handelt. Das spricht dafür, eine Person zu wählen, die selbst nicht Erbe ist. Alternativ kann eine Person aus dem Kreis der Erben ausgewählt werden, die (von allen anderen Erben anerkannt) über ein hohes Maß an Integrität und Reife verfügt.

Der vom Testator im Testament bestimmte Testamentsvollstrecker kann die Übernahme des Amtes auch ablehnen. Daher sollte der Testator vor der Bestimmung einer Person zum Testamentsvollstrecker mit dieser sprechen, um in Erfahrung zu bringen, ob diese bereit ist, das Amt anzunehmen und auszuüben. Die Tätigkeit wird üblicherweise vergütet, wenn es sich um größere Erbmassen handelt und ein hoher Aufwand für den Testamentsvollstrecker zu erwarten ist. Der Testator kann bereits im Testament eine Vergütung bestimmen, die aus der Erbmasse bestritten wird. Alternativ kann der Testator auch bestimmen, dass der Testamentsvollstrecker keine Vergütung erhalten soll.[48] Wenn nichts bestimmt ist, werden Tabellen mit üblichen Vergütungen herangezogen (z.B.

---

[47] Das ist in § 2205 BGB geregelt.

[48] Das ist in § 2221 BGB geregelt.

die Empfehlungen des Deutschen Notarvereins für die Vergütung des Testamentsvollstreckers).

Kommt es zwischen dem Testamentsvollstrecker und dem Erben zum Streit, entscheidet das Nachlassgericht darüber verbindlich.

III. ARGUMENTE FÜR EINE ABWEICHUNG VON DER GESETZLICHEN ERBFOLGE

Es gibt gute Gründe, von der gesetzlichen Erbfolge abzuweichen und ein Testament zu errichten. Oben im Kapitel C. II. hatte ich Ihnen bereits die steuerrechtlichen Konsequenzen in einem Fallbeispiel aufgezeigt. Die Vermeidung von Erbschaftsteuern durch Regelungen in einem Testament ist bereits ein sehr starkes Argument für eine Abweichung von der gesetzlichen Erbfolge.

Darüber hinaus gibt es weitere gute Argumente: Durch die gesetzliche Erbfolge wird häufig ein erhebliches Streitpotential unter mehreren Erben erzeugt, weil diese kraft Gesetzes in einer Erbengemeinschaft gesellschaftsrechtlich miteinander verbunden sind und grundsätzlich nur einstimmig Entscheidungen fällen können.[49]

Die gesetzliche Erbfolge führt bei Vorhandensein von Kindern dazu, dass der überlebende Ehegatte und die Kinder stets in einer Erbengemeinschaft sitzen. Das hat zur Folge, dass der länger lebende Ehegatte nach dem Erbfall auf einen Schlag nicht mehr allein entscheiden kann, sondern immer die Kinder fragen und um Zustimmung bitten muss. Insbesondere bei minderjährigen Kindern ergibt sich zusätzlich das Erfordernis, das Vormundschaftsgericht bei allen Entscheidungen einzubeziehen. Das ist umständlich, streitträchtig und wenig zielführend.

---

[49] Ich verweise dazu auf die Ausführungen in Kapitel C. I. 3.

Wenn nun ein Erbe in der Erbengemeinschaft sitzt, der sich mit den anderen im Streit befindet, kann das jedwede Entscheidung (auch vernünftige und wirtschaftlich alternativlose Entscheidungen) blockieren. Darüber hinaus kann ein Miterbe die Auseinandersetzung der Erbengemeinschaft auch gegen den Willen der anderen Erben erzwingen, was in aller Regel zu wirtschaftlichen Nachteilen führt.[50]

Besonders problematisch ist die gesetzliche Erbfolge bei Vererbung eines Unternehmens oder eines größeren Immobilienbestandes. Komplizierte Entscheidungsprozesse und Konflikte in einer Erbengemeinschaft können hier fatale Auswirkungen haben.

In einem Testament kann gegengesteuert werden. Es besteht z.B. die Möglichkeit, den Ehegatten als Vorerben und die gemeinsamen Kinder als Schlusserben einzusetzen, um zu verhindern, dass der überlebende Ehegatte mit den Kindern in eine Erbengemeinschaft hineingezwungen wird.

Eine weitere Option ist, das vernünftigste und weiseste Kind als Schlusserben einzusetzen und die Erbschaft mit Vermächtnissen zu beschweren, die den Erben verpflichten, das Vermögen nach einem bestimmten Plan zu verteilen oder treuhänderisch zu verwalten. Durch solche Regelungen können viele der oben aufgezeigten Schwierigkeiten vermieden werden.

---

[50] Das ist in § 2042 BGB geregelt.

Last but not least, sind Regelungen auch zur Begrenzung der Erbschaftsteuern anzuraten. Denn bei Eintritt der gesetzlichen Erbfolge werden Freibeträge in der Regel nicht optimal ausgenutzt mit der Folge von vermeidbaren Erbschaftsteuerrechnungen. Das gilt sowohl für Regelungen im Testament als auch für Regelungen vor Eintritt des Erbfalles in Form von Schenkungen. Ich werde Ihnen später noch detailliert erklären und vorrechnen, dass vorgezogene Schenkungen von Immobilien zu Lebzeiten in erheblichem Umfang Steuern sparen können.

Als Fazit können wir festhalten, dass es in den allermeisten Fällen sinnvoll ist, von der gesetzlichen Erbfolge abzuweichen und rechtzeitig eine Übertragung des Vermögens (und insbesondere des Immobilienvermögens) an die nächste Generation zu planen und in die Wege zu leiten.

IV. Gemeinschaftliches Testament von Ehegatten & Erbverträge

Für Ehegatten und Lebenspartner hat der Gesetzgeber die Möglichkeit geschaffen, ein gemeinschaftliches Testament zu machen.[51]

Darüber hinaus gibt es die Möglichkeit, einen Erbvertrag zu schließen.[52] Die Form des Erbvertrages steht allen Menschen offen und nicht nur Eheleuten. Diese beiden besonderen Ausprägungen einer Testamentserrichtung werde ich Ihnen in den folgenden Ausführungen vorstellen.

1. Gemeinschaftliches Testament

Ein gemeinschaftliches Testament von Eheleuten beinhaltet, dass sie zusammen eine Testamentsurkunde aufsetzen, die einer von beiden vollständig handschriftlich abfasst und die von beiden handschriftlich unterschrieben wird.[53] In solchen gemeinschaftlichen Testamenten werden in aller Regel Verfügungen getroffen, die aufeinander bezogen sind und voneinander abhängen. Sehr häufig setzen sich Eheleute wechselseitig zu Alleinerben für den Vorerbfall (= Tod eines der beiden Ehegatten) und die gemeinsamen Kinder als Schlusserben für

---

[51] Das ist in den §§ 2265 ff. BGB geregelt.

[52] Das ist in den §§ 2274 ff. BGB geregelt.

[53] Das ist in § 2267 BGB geregelt.

Nacherbfall (= Tod auch des zweiten Ehegatten) ein.[54] Diese klassische Konstellation wird als „Berliner Testament" bezeichnet.

In einem gemeinschaftlichen Testament kann jeder Ehegatte alle von ihm beabsichtigten testamentarischen Verfügungen unterbringen, die er regeln möchte. Grundsätzlich sind die Verfügungen der Eheleute frei widruflich. Wenn jedoch ein Ehegatte eine Verfügung widerruft, die auf eine Verfügung des anderen Ehegatten dergestalt bezogen ist, dass sie nicht ohne diese erfolgt wäre, bewirkt der Widerruf der einen auch die Unwirksamkeit der anderen Verfügung.[55] Diese gesetzlich angeordnete Rechtsfolge ist notwendig, da jeder Ehegatte seine Verfügungen in dem gemeinschaftlichen Testament im Prinzip jederzeit widerrufen oder aufheben kann durch ein neues Testament. Er kann das sogar ohne das Wissen des anderen Ehegatten in einem weiteren Testament tun.

Sobald einer der Ehegatten verstirbt, erlischt das Recht des überlebenden Ehegatten, solche Verfügungen des gemeinschaftlichen Testamentes zu widerrufen, die auf Verfügungen des verstorbenen Ehegatten bezogen sind.

Es kommt durchaus vor, dass ein überlebender Ehegatte mit dieser Bindung an die getroffenen Verfügungen

---

[54] Das ist möglich gemäß § 2269 in Verbindung mit § 2100 BGB.

[55] Das ist in § 2270 Abs. 1 BGB geregelt.

nach einiger Zeit nicht mehr glücklich ist und versucht, diese zu unterlaufen. Das betrifft häufig die Erbeinsetzung von gemeinsamen Kindern als Schlusserben. Die typische Konstellation ist die, dass der überlebende Ehegatte einen neuen Partner findet und diesen über seinen Tod hinaus versorgen möchte. Weil er an die Einsetzung der Kinder als Schlusserben gebunden ist, werden häufig Schenkungen vorgenommen, um diese Bindung zu unterlaufen. Wenn diese Schenkungen nicht durch ein sogenanntes **lebzeitiges Eigeninteresse** des Schenkers motiviert sind (z.B. Entlohnung für erbrachte Fürsorge- und Pflegeleistungen und Motivation für die weitere Erbringung in der Zukunft), können die Schlusserben nach Eintritt des Erbfalles die Herausgabe solcher Schenkungen verlangen.[56]

2. Erbvertrag

Wie bereits erwähnt, ist die Form der testamentarischen Verfügung durch Abschluss eines Erbvertrages nicht nur Eheleuten vorbehalten. Sie steht vielmehr allen Menschen offen. Der Erbvertrag bedarf zur Wirksamkeit der notariellen Beurkundung und der gleichzeitigen Anwesenheit der Vertragsparteien im Notartermin.[57] Er kann auch zwischen mehr als zwei Vertragsparteien geschlossen werden.

---

[56] Das ist in § 2287 BGB geregelt.

[57] Das ist in § 2276 BGB geregelt.

Der Erbvertrag stellt insbesondere für nichteheliche Lebensgemeinschaften eine Möglichkeit dar, aufeinander bezogene Verfügungen von Todes wegen in einem Vertrag zu regeln und sich damit gegenseitig abzusichern gegen einseitige Änderungen. Das ist ein wesentlicher Unterschied zum gemeinschaftlichen Testament bei dem jeder Ehegatte seine Verfügungen (bis zum Eintritt des Vorerbfalles) jederzeit ohne Mitwirkung des anderen widerrufen kann.

Der Erbvertrag ist daher dann das richtige Instrument, wenn eine Bindung der Beteiligten an die getroffenen Verfügungen gewollt ist. Bei einem gemeinschaftlich von den Eheleuten aufgebauten Unternehmen ist es in aller Regel gewünscht und für den Fortbestand essentiell, dass der länger lebende Ehegatte das Unternehmen allein weiterführen kann. Das gleiche gilt für ein gemeinsam aufgebautes Immobilienvermögen. Für die Erlangung von Planungssicherheit ist daher eine Bindung an die erbrechtlichen Verfügungen erforderlich. Ohne diese Bindung wären die Ehegatten nicht mehr voll motiviert, ihre ganze Kraft dem Unternehmen zu widmen. Denn sie müssten einkalkulieren, dass Teile des Unternehmens und damit die Früchte ihrer Arbeit in die Hände Dritter gelangen. Mit Abschluss eines Erbvertrages sind sie gegen ein solches Risiko abgesichert.

Mit Abschluss eines Erbvertrages werden zuvor in einem Testament getroffene Verfügungen einer Vertragspartei unwirksam, die zu dem Inhalt des Erbvertrages im

Widerspruch stehen.[58] Der Vertragspartner des Erbvertrages kann nach Vertragsschluss auch keine wirksamen
Verfügungen mehr in einem Testament treffen, die dem
Inhalt des Erbvertrages widersprechen.[59] Er bleibt jedoch
frei, sein Vermögen zu verbrauchen und über sein Vermögen zu verfügen.[60] Lediglich im Falle von böswilligen
Schenkungen, die in der Absicht vorgenommen werden,
den Vertragserben zu beeinträchtigen, kann ein Heraus-
gabeanspruch gegen den Beschenkten nach Eintritt des
Erbfalles bestehen.[61]

Allerdings muss man hinsichtlich der Bindung an Regelungen in einem Erbvertrag einige Einschränkung machen: Wenn die Parteien darin Verfügungen treffen, die
nicht aufeinander bezogen sind und die **nicht** miteinander stehen und fallen sollen, so können diese separat
und einseitig widerrufen werden.[62] Das kann z.B. Regelungen betreffen, die eine Vertragspartei auch ohne den
Erbvertrag und die wechselseitigen Verfügungen in jedem Fall getroffen hätte. Zur Vermeidung von Ausle-
gungsproblemen eines Erbvertrages ist es ratsam, unmissverständlich und eindeutig zu formulieren, ob eine
bestimmte Verfügung der vertraglichen Bindung unter-

---

[58] Das ist in § 2289 BGB geregelt.

[59] Das ist in § 2287 BGB geregelt.

[60] Das ist in § 2286 BGB geregelt.

[61] Das ist in § 2287 BGB geregelt.

[62] Das ist in § 2291 BGB geregelt.

liegen soll oder nicht. Dabei kann auch der Notar helfen, der ja ohnehin einzuschalten ist, weil der Erbvertrag der notariellen Beurkundung bedarf.

Ein Erbvertrag kann nur von beiden Vertragsparteien einvernehmlich aufgehoben werden.[63] Dazu haben diese einen Aufhebungsvertrag zu schließen in der für den Erbvertrag vorgeschriebenen Form (notarielle Beurkundung bei gleichzeitiger Anwesenheit im Notartermin). Eine Ausnahme besteht für Ehegatten und Lebenspartner. Sie können einen Erbvertrag auch durch ein gemeinschaftliches Testament aufheben.[64] Auch in einem solchen Fall bedarf das gemeinschaftliche Testament **nicht** der notariellen Beurkundung. Eine privatschriftliche Urkunde ist ausreichend.

Eine einseitige Lossagung von einem Erbvertrag ist nur dann möglich, wenn im Vertragstext der Rücktritt vom Vertrag vorbehalten worden ist oder wenn eine Verfehlung des Vertragspartners vorliegt, die einen Entzug des Pflichtteilsrechtes rechtfertigen würde.[65]

Haben Ehegatten oder Lebenspartner einen Erbvertrag geschlossen, so wird dieser mit Rechtskraft eines Scheidungsurteils automatisch unwirksam. Vorsicht ist bei Erbverträgen in nichtehelichen Lebensgemeinschaften geboten. Im Falle einer Trennung wird ein geschlos-

---

[63] Das ist in § 2290 BGB geregelt.

[64] Das ist in § 2292 BGB geregelt.

[65] Das ist in § 2293 und § 2294 BGB geregelt.

sener Erbvertrag **nicht** automatisch unwirksam oder kündbar. Für diesen Fall sollten sich die Vertragsparteien ein Rücktrittsrecht einräumen und dieses unmissverständlich im Vertragstext verankern.

Schließlich gibt es noch die Möglichkeit der Anfechtung eines Erbvertrages wegen Irrtums oder wegen Drohung.[66] Allerdings sind die rechtlichen Hürden für eine solche Anfechtung hoch. Diese Ausstiegsmöglichkeit ist daher eher theoretischer Natur.

---

[66] Das ist in § 2281 in Verbindung mit § 2078 BGB geregelt.

V. PROBLEMBAUSTELLE PFLICHTTEILSRECHT

Die Testierfreiheit ist nicht grenzenlos gewährt. Sie wird begrenzt durch ein Pflichtteilsrecht der nächsten Angehörigen.[67] Diese können nicht entschädigungslos enterbt werden.

Wenn der Erblasser einen Pflichtteilsberechtigten durch Testament von der Erbfolge ausschließt, bewirkt das zwar, dass dieser nicht Erbe und auch nicht Mitglied einer Erbengemeinschaft wird. Der Pflichtteilsberechtigte hat jedoch gegen die Erben einen Anspruch auf Geldzahlung in Höhe der Hälfte des Wertes seines gesetzlichen Erbteils, das ihm durch die Enterbung entzogen wurde. Dieser Anspruch ist das Pflichtteilsrecht.

Ein Pflichtteilsberechtigter hat gegenüber dem Erben einen Anspruch auf Erteilung von Auskunft über Umfang und Wert der Erbschaft.[68] Das versetzt ihn erst in den Stand, die Höhe des Zahlungsanspruches aus seinem Pflichtteilsrecht zutreffend zu ermitteln bzw. eine Aufstellung und Berechnung des Erben zu überprüfen.

1. Pflichtteilsberechtigte

Zu den Pflichtteilsberechtigten gehören die Abkömmlinge (Kinder, Enkel, Urenkel), der Ehegatte und die El-

---

[67] Das ist in den §§ 2303 – 2338 BGB geregelt.

[68] Das ist in § 2314 BGB geregelt.

tern des Erblassers.[69] Entferntere Verwandte (Geschwister, Onkel, Tante, Großeltern) können nicht pflichtteilsberechtigt sein.

Voraussetzung für ein Pflichtteilsrecht ist, dass der Angehörige bei der gesetzlichen Erbfolge ohne die Enterbung im Testament auch zum Zuge gekommen wäre.[70] Wenn z.B. Kinder des Erblassers (= Erben erster Ordnung) durch ein Testament zum Erben eingesetzt werden, haben die Enkel **kein** Pflichtteilsrecht, weil sie auch ohne die testamentarische Erbeinsetzung wegen des Repräsentationsprinzips nicht zu gesetzlichen Erben berufen gewesen wären.

Sind hingegen die Kinder des Erblassers bereits verstorben und setzt der Erblasser seine Eltern (= Erben zweiter Ordnung) zu Alleinerben ein, haben vorhandene Enkel (= Erben erster Ordnung) sehr wohl einen Pflichtteilsanspruch, denn ohne die Einsetzung der Eltern wären sie vorrangig gesetzliche Erben geworden.

2. Ehegatte als Pflichtteilsberechtigter

Wenn der Ehegatte enterbt worden ist, dann steht auch ihm ein Pflichtteilsrecht zu. Dabei ergeben sich Besonderheiten beim Güterstand der Zugewinngemeinschaft: Der enterbte Ehegatte kann wählen, ob er einen

---

[69] Das ist in § 2303 BGB geregelt.

[70] Das ist in § 2309 BGB geregelt.

Zugewinnausgleich aufgrund tatsächlicher Zahlen fordert und daneben den sogenannten kleinen Pflichtteil auf der Grundlage des nicht erhöhten Erbteils (d.h. **ohne** Erhöhung um ¼ als erbrechtliche Pauschalisierung des Zugewinnausgleichs) geltend macht **oder** stattdessen den sogenannten großen Pflichtteil wählt, der auf der Grundlage des erhöhten Erbteils (d.h. **mit** Erhöhung um ¼ als erbrechtliche Pauschalisierung des Zugewinnausgleichs) berechnet wird.

Welche Wahl er trifft, hängt auch davon ab, wie groß der während der Ehezeit erzielte Zugewinn des Erblassers tatsächlich war. Wenn der Erblasser sein Vermögen maßgeblich während der Ehezeit aufgebaut hat und zuvor nahezu mittellos war, ist die tatsächliche Durchführung des Zugewinnausgleichs und die Forderung des kleinen Pflichtteils günstiger.

3. Pflichtteilsansprüche & Berliner Testament

Beim **Berliner Testament** besteht das klassische Problem, dass durch die Einsetzung des letztversterbenden Ehegatten als Alleinerben Pflichtteilsansprüche der Kinder entstehen.[71] Obwohl die Kinder im Berliner Testament als Schlusserben eingesetzt werden, ist in der Bestimmung des überlebenden Ehegatten als Alleinerben

---

[71] Die Details und Hintergründe zum „Berliner Testament" können Sie weiter unten in Kapitel VI. nachlesen.

eine Enterbung der Kinder zu sehen, die einen Pflichtteilsanspruch auslöst.

Bei „selbstgestrickten" Testamenten wird häufig vergessen, Regelungen zur Geltendmachung von Pflichtteilen vorzusehen. Das böse Erwachen kommt dann, wenn ein Ehepartner verstirbt und Kinder den Pflichtteil fordern, die sich vernachlässigt oder benachteiligt fühlen. Es kann sehr belastend sein, in einer solchen Situation in eine juristische Auseinandersetzung mit einem pflichtteilsberechtigten Kind zu geraten.

Solche Probleme kann man vermeiden, wenn man beim Aufsetzen des Berliner Testamentes einen Pflichtteilsverzicht der Kinder inkludiert und diese das Testament mitunterzeichnen lässt. Alternativ kann im Testament eine Enterbung von pflichtteilsberechtigten Abkömmlingen geregelt werden für den Fall, dass diese gegen den letztversterbenden Ehegatten ein Pflichtteilsrecht geltend machen. Der im Abschnitt „G. Anhang (Mustertexte)" unter II. abgedruckte Mustertext enthält eine solche Klausel. Diese Regelung bietet sich dann an, wenn Abkömmliche im Vorfeld nicht bereit sind, einen Verzicht auf den Pflichtteil zu erklären.

4. Pflichtteilergänzungsanspruch

Es kommt in der Praxis immer wieder vor, dass ein Erblasser Pflichtteilsberechtigte über das gesetzlich zulässige Maß hinaus enterbt. Entweder aus Nachlässigkeit oder mit Absicht. Der Gesetzgeber hat für diese Fälle sogenannte Pflichtteilsergänzungsansprüche geregelt, um eine Aushöhlung des Pflichtteilsrechtes zu verhindern.

Wenn ein Erblasser z.B. einen Pflichtteilsberechtigten nicht vollständig enterbt, sondern mit einer geringeren Quote als den Pflichtteil zum Erben einsetzt oder ihm stattdessen konkrete Vermögensgegenstände zuwendet, die einen geringeren Wert haben als der Pflichtteil, hat der Pflichtteilsberechtigte gegen den Erben oder gegen die Erbengemeinschaft einen Anspruch auf Ergänzung seines Erbteils durch eine Geldzahlung bis zum Wert seines Pflichtteils.[72]

Eine weitere typische Konstellation ist, dass der Erblasser bereits zu Lebzeiten Vermögen an Verwandte verschenkt und dabei einen Pflichtteilsberechtigten übergangen hat. Auch für diesen Fall sieht das Gesetz einen Pflichtteilsergänzungsanspruch gegen die Erben vor. Die Höhe des Ergänzungsanspruches ist dann auf der Grundlage der ungeschmälerten Erbschaft ohne die vorgenommenen Schenkungen zu berechnen.[73] Ein Pflichtteilsergänzungsanspruch wegen Schmälerung der Erbmasse durch Schenkungen kann auch dann geltend gemacht werden, wenn eine Erbeinsetzung des Pflichtteilsberechtigten in Höhe der Hälfte seines gesetzlichen Erbteils (= Höhe des Pflichtteils) erfolgt ist.[74]

Allerdings macht das Gesetz beim Pflichtteilsergän-

---

[72] Das ist in § 2305 BGB geregelt.

[73] Das ist in § 2325 BGB geregelt.

[74] Das ist in § 2326 BGB geregelt.

zungsanspruch eine Einschränkung in Form einer Fristenregelung: Mit jedem abgelaufenen Jahr nach Vollzug einer Schenkung wird der Wert der Schenkung als relevante Berechnungsgrundlage für Pflichtteilsergänzungsansprüche um 10% reduziert. Das bedeutet im Ergebnis, dass ein entsprechender Pflichtteilsergänzungsanspruch 10 Jahre nach Vollzug der Schenkung vollständig erlischt, wenn bis dahin der Erbfall nicht eingetreten ist.[75]

Bei genauem Hinsehen stellen sich weitere Fragen bei Schenkungen unter Einschränkungen. Wenn sich z.B. der Schenker ein Nießbrauchsrecht an der Immobilie vorbehält, dann ist bei wirtschaftlicher Betrachtung noch kein vollständiger Übergang der Immobilie an den Beschenkten gegeben.[76] Daher beginnt die Frist des § 2303 Abs. 3 BGB in solchen Fällen **nicht** zu laufen mit der Konsequenz, dass die Schenkung für die Errechnung von Pflichtteilsansprüchen beim Erbfall mit dem vollen Wert der Immobilie angerechnet wird. Und zwar auch dann, wenn bereits mehr als 10 Jahre vergangen sind.

Eine weitere Ausnahme macht das Gesetz für solche Schenkungen, die einer sittlichen Pflicht oder einer auf den Anstand zu nehmenden Rücksicht entsprechen.[77] Dazu gehören z.B. Hochzeitsgeschenke, Geburtstagsge-

---

[75] Das ist in § 2325 Abs. 3 BGB geregelt.

[76] Die Einzelheiten zum Vorbehaltsnießbrauch bei Schenkung einer Immobilie können Sie in Kapitel E. III. und IX. 1. detailliert nachlesen.

[77] Das ist in § 2330 BGB geregelt.

schenke und Weihnachtsgeschenke soweit sie den üblichen Rahmen nicht sprengen. Was der übliche Rahmen ist, hängt mit den Einkommens- und Vermögensverhältnissen der Beteiligten zusammen. Wenn diese sehr vermögend sind, kann unter Umständen die Schenkung einer Immobilie als Hochzeitsgeschenk üblich und angemessen sein. Die konkrete Berechnung der Höhe eines Pflichtteilergänzungsanspruches kann im Einzelfall sehr kompliziert werden.

VI. NACHTEILE DES „BERLINER TESTAMENTES" MIT VERMÄCHTNISSEN VERMEIDEN

Das sogenannte Berliner Testament ist die mit Abstand beliebtestes Form der Erbeinsetzung bei Eheleuten. Leider weist es erhebliche steuerrechtliche Nachteile und andere Schwachstellen auf. Die gute Nachricht ist, dass diese Nachteile sich mit Vereinbarungen und Verfügungen weitgehend eliminieren lassen.

1. Definition des „Berliner Testamentes"

Als „Berliner Testament" bezeichnet man ein **gemeinschaftliches Testament**,[78] in dem sich Eheleute oder Lebenspartner gegenseitig zu Alleinerben einsetzen und darüber hinaus regeln, dass mit dem Tod des länger lebenden Ehegatten der Nachlass an einen Dritten (in der Regel die gemeinsamen Kinder) fallen soll. Der Tod des erstversterbenden Ehegatten ist dabei der **Vorerbfall** und der Tod des länger lebenden Ehegatten der **Schlusserbfall**.

Mit einem Berliner Testament verfolgen die Eheleute die Absicht, dem länger lebenden Ehegatten das gesamte

---

[78] Zum Begriff und zum Inhalt des gemeinschaftlichen Testamentes verweise ich auf die detaillierten Erklärungen in Kapitel D. IV. 1.

Vermögen des erstversterbenden zukommen zu lassen und die Kinder solange von der Erbfolge auszuschließen, bis auch der länger lebende Ehegatte verstorben ist. Ohne diese testamentarische Regelung würden die Kinder bereits im Vorerbfall als gesetzliche Erben anteilig mit dem länger lebenden Ehegatten eine Erbengemeinschaft bilden mit vielen unerwünschten Folgen.[79]

Darüber hinaus wollen die Eheleute mit dem Berliner Testament sicherstellen, dass das Vermögen im Schlusserbfall an die gemeinsamen Kinder fällt. Deshalb wird es als gemeinschaftliches Testament errichtet, das nach dem Tod eines Ehegatten vom anderen nicht mehr geändert werden kann.[80] So ist sichergestellt, dass der länger lebende Ehegatte die gemeinsamen Kinder nicht mehr enterben und andere (z.B. einen neuen Partner oder gemeinsame Kinder mit einem neuen Partner) zum Erben einsetzen kann.

Bei genauem Hinsehen gibt es jedoch im Hinblick auf den Schlusserbfall zwei Gestaltungsvarianten des Berliner Testamentes: Es geht um die Frage, ob der länger lebende Ehegatte die Freiheit haben soll, **sein eigenes Vermögen (ohne das vom anderen Ehegatten**

---

[79] In der Erbengemeinschaft würden dem länger lebenden Ehegatten nach der gesetzlichen Erbfolge beim ehelichen Güterstand der Zugewinngemeinschaft ½ Anteil zufallen und den Kindern anteilig die andere Hälfte. Ich verweise dazu auf die obigen Ausführungen in Kapitel C. I. 2.

[80] Das ist in § 2271 Abs. 2 BGB geregelt.

geerbte) an jemand anderen zu vererben als die gemeinsamen Kinder. Wenn das gemeinschaftliche Testament eine solche Freiheit des länger lebenden nicht unmissverständlich zum Ausdruck bringt, dann besteht diese nach der gesetzlichen Auslegungsregel in § 2269 Abs. 1 BGB **nicht**. Vielmehr erfasst dann die nicht mehr änderbare Einsetzung der gemeinsamen Kinder als Schlusserben auch das alleinige Vermögen des länger lebenden Ehegatten. Wenn etwas anderes gewollt ist, muss das unmissverständlich und eindeutig im Testament formuliert werden.

2. Nachteile des „Berliner Testamentes"

Aus steuerlicher Sicht hat das Berliner Testament erhebliche Nachteile, die sich insbesondere bei größeren Vermögen (z.B. umfangreichen Immobilienbeständen) schädlich auswirken. Denn das Vermögen des erstversterbenden Ehegatten wird zwei Mal der Erbschaftsteuer unterworfen (einmal beim Vorerbfall **und** ein zweites Mal beim Schlusserbfall).

Ein weiterer Nachteil ist, dass Freibeträge von Kindern **beim Vorerbfall** ungenutzt bleiben. Das sind pro Kind immerhin € 400.000 Freibetrag, der verfällt.

Schließlich besteht das Problem, dass durch ein Berliner Testament Pflichtteilsansprüche der Kinder im Vorerbfall entstehen. Obwohl die Kinder als Schlusserben eingesetzt werden, ist in der Bestimmung des überlebenden Ehegatten als Alleinerben für den Vorerbfall eine

Enterbung der Kinder zu sehen, die einen Pflichtteilsanspruch auslöst. Die Geltendmachung eines Pflichtteilsanspruches für den Vorerbfall ist in aller Regel nicht gewollt, weil sie dem wechselseitigen Versorgungsinteresse der Eheleute zuwider läuft. Um das zu vermeiden, muss bei einem Berliner Testament zusätzlich ein **Pflichtteilsverzicht** der Kinder für den Vorerbfall hereingeholt werden. Wenn das nicht erfolgt, ist der überlebende Ehegatte Pflichtteilsansprüchen der Kinder ausgesetzt. Damit ist die Zielsetzung beschädigt, dem länger lebenden Ehegatten das gesamte Vermögen der Eheleute ungeschmälert zu überlassen.

3. Lösungsansätze zur Eliminierung der Nachteile

Diese Nachteile können vermieden werden durch verschiedene Regelungen, die auch miteinander kombiniert werden können:

Ein einfacher und effizienter Ansatz zur Vermeidung von Steuernachteilen besteht darin, den Vorerben im Berliner Testament mit **Vermächtnissen** zu beschweren, aus der Erbschaft Zahlungen an die Kinder bis maximal zur Höhe des Freibetrages (= € 400.000) zu leisten bzw. Vermögen mit entsprechendem Wert auf die Kinder zu übertragen.[81] Dann werden die Freibeträge der Kinder auch beim Vorerbfall ausgenutzt.

---

[81] Detaillierte Erklärungen zum Vermächtnis finden Sie in Kapitel D. II. 2.

Für den länger lebenden Ehegatten und Vorerben besteht der Vorteil darin, dass die aus den Vermächtnissen zu zahlenden Beträge vom Wert der Erbschaft abgezogen werden und damit seine Erbschaftsteuerbelastung reduzieren.

Positiver Nebeneffekt einer solchen Regelung ist schließlich, dass damit Begehrlichkeiten der Kinder zur Geltendmachung des Pflichtteilsrechtes beim Vorerbfall eingedämmt werden können. In aller Regel sind die Kinder bei einer solchen Gestaltung ohne Murren bereit, einen Pflichtteilsverzicht zu erklären. Damit ist ein weiterer Nachteil des Berliner Testamentes abgestellt.

Wenn das wesentliche Vermögen der Eheleute in Immobilien besteht, dann gibt es darüber hinaus die Möglichkeit, diese unter Vorbehalt eines Nießbrauchsrechtes[82] für den überlebenden Ehegatten bereits bei Eintritt des Vorerbfalls an die Kinder zu gleichen Teilen zu vererben oder vorab anteilig zu schenken. So verbleiben dem länger lebenden Ehegatten das volle Nutzungsrecht bzw. die Einnahmen aus der Vermietung der Immobilien und die Freibeträge der Kinder können bereits im Vorerbfall voll ausgenutzt werden.

---

[82] Detaillierte Erklärungen zum Vorbehaltsnießbrauch finden Sie in Kapitel E. III. und E. IX. 1.

E. SCHENKUNGEN ZU LEBZEITEN ALS STEUERSPARMODELL

Immobilien als Bestandteil des Vermögens eignen sich ganz besonders, Gestaltungsspielräume zur Senkung der Steuerbelastung auszunutzen. Das gilt insbesondere für größere Vermögensmassen. Dabei wird das Instrument der Schenkung einer Immobilie zu Lebzeiten im Wege der sogenannten „vorweggenommenen ge" genutzt. Ich kann Ihnen versprechen, dass Sie verblüfft sein werden, wie groß die Gestaltungsspielräume und Einsparmöglichkeiten durch Schenkungen sind. Es ist durchaus möglich, Immobilienvermögen im Wert von mehreren Millionen € steuerfrei auf die nachfolgende Generation zu übertragen. Das setzt allerdings voraus, dass die „Stabübergabe" rechtzeitig geplant und angegangen wird. Außerdem gibt es intelligente Absicherungsmöglichkeiten für den Schenker, die diesem die Mieteinnahmen und die Möglichkeiten zur Einsparung von Einkommensteuern auch nach Vollzug der Schenkung von vermieteten Immobilien belassen. Wie Sie dabei im Detail vorgehen müssen, erfahren Sie in den nachfolgenden Ausführungen.

I. Einführung

Schenkungen von Immobilien zu Lebzeiten sind ein häufig gewähltes Mittel, um größere Immobilienbestände steueroptimiert auf nachfolgende Generationen zu übertragen. Dem liegen verschiedene Motive zu Grunde.

Zum einen kann die Schenkung zu Lebzeiten in erheblichem Umfang Erbschaftsteuern sparen, weil der Freibetrag alle 10 Jahre erneut und damit im Ergebnis mehrfach ausgenutzt werden kann. Darüber hinaus dienen solche Schenkungen auch dazu, den Zusammenhalt der Generationen in einer Familie zu stärken und Streit zu vermeiden. Denn die nachfolgende Generation ist häufig weniger vermögend und erhält durch die Schenkung größeren finanziellen Spielraum zu einem früheren Zeitpunkt. Das wiederum stärkt in der Regel die Motivation der Kinder und Enkel, sich um die Eltern und Großeltern zu kümmern.

Schließlich kann durch eine vorausschauende Übertragung von Immobilien zu Lebzeiten verhindert werden, dass diese bei der Aufteilung des Erbes in der Erbengemeinschaft auf Druck eines Miterben gegen den Willen der anderen verkauft werden müssen.[83] Unter dem Strich überwiegen daher für alle Beteiligten die Vorteile, wenn bereits zu Lebzeiten Immobilien durch Schenkung übertragen werden.

Gleichwohl kann es in bestimmten Konstellationen

---

[83] Das ist möglich gemäß § 2042 BGB.

sinnvoll sein, die Schenkungen mit Einschränkungen und Vorbehalten zu versehen. Wir werden später noch sehen, dass es z.B. sinnvoll sein kann, bei einer noch nicht vollständig entschuldeten Immobilie einen Vorbehaltsnießbrauch bei der Schenkung zu vereinbaren, um dem Schenker die Mieteinnahmen auch nach der Überschreibung der Immobilie zu sichern.

Möglich und unter Umständen sinnvoll ist auch die Eintragung eines dinglichen Wohnrechtes zur Absicherung des Schenkers, wenn er selbst in der Immobilie wohnt und auch nach der Überschreibung darin wohnen bleiben möchte.

Die Schenkung einer Immobilie bedarf zu ihrer Wirksamkeit der notariellen Beurkundung.[84] Sie mögen an dieser Stelle vielleicht denken, dass der Notar Sie dann auch bei der Beurkundung über das Schenkungsteuerrecht beraten kann. Leider ist diese Annahme jedoch falsch. Notare sind zwar ausgebildete Volljuristen. Sie verfügen jedoch in der Regel nicht über vertiefte steuerrechtliche Kenntnisse und nehmen daher nahezu ausnahmslos eine Klausel in die notarielle Urkunde auf, dass sie zu den steuerrechtlichen Fragen **nicht** beraten haben und **keine** Haftung für steuerrechtliche Konsequenzen aus dem beurkundeten Geschäft übernehmen.

Es ist daher für Sie wichtig, dass Sie selbst ein steuerrechtliches Grundverständnis erlangen und erforderlichenfalls zusätzlich Rat eines Steuerberaters oder eines

---

[84] Das ist in § 311b BGB und in § 518 BGB geregelt.

Fachanwaltes für Steuerrecht einholen. Auf den Notar können Sie jedenfalls in steuerrechtlichen Fragen leider nicht bauen.

Darüber hinaus ist zu berücksichtigen, dass bei der Schenkung einer vermieteten Immobilie an Minderjährige die Mitwirkung des Vormundschaftsgerichtes erforderlich ist.

In den folgenden Kapiteln werde ich Ihnen Schritt für Schritt die einzelnen Themen erklären und die Vor- und Nachteile der einzelnen Gestaltungsvarianten darstellen.

II. MEHRFACHE AUSNUTZUNG DES FREIBETRAGES DURCH SCHENKUNGEN

Bei sehr großen Vermögen werden häufig bereits zu Lebzeiten Immobilien durch Schenkung auf Kinder und Enkel übertragen. Das kann gerade bei umfangreichen Immobilienbeständen des Schenkers große Einspareffekte generieren. Dabei wird der Umstand ausgenutzt, dass der persönliche Freibetrag für Schenkungen und Erbschaften alle 10 Jahre erneut und damit im Ergebnis mehrfach ausgenutzt werden kann. Am besten kann man diesen Effekt an einem Beispiel erklären.

Beispiel:

Der Witwer und private Immobilieninvestor Eduard Reich hat in seinem Leben erfolgreich in Wohnimmobilien investiert und insgesamt 4 Mietwohnhäuser gekauft und vollständig entschuldet. Diese haben einen Verkehrswert von insgesamt € 2.400.000 (2 x € 400.000 und 2 x € 800.000). Weiteres nennenswertes Vermögen hat er nicht.

Er hat 2 Kinder im Alter von 40 und 45 Jahren und denkt über eine Strategie nach, um seinen Kindern bei seinem Ableben in größtmöglichem Umfang Erbschaftsteuern zu ersparen. Dabei fällt ihm ein, dass er bei einer Schenkung Freibeträge mehrfach ausnutzen kann.

Werfen wir zunächst einmal einen Blick auf die anfallenden Erbschaftsteuern, wenn Eduard keine Schenkungen durchführt und einfach die Kinder zu je ½ Erben werden. Jedes der beiden Kinder würde Immobilien im

Wert von € 1.200.000 erben. Für im Privatvermögen gehaltene und vermietete Wohnimmobilien dürfen 10% vom Wert abgezogenen werden.[85] Das wären bei jedem Erben € 120.000, so dass ein Wert von € 1.080.000 verbleibt. Dafür kann nun der Freibetrag in Höhe von € 400.000 von jedem Kind in Anspruch genommen werden.[86] Dann verbleibt ein steuerpflichtiger Erbschaftswert in Höhe von € 680.000 pro Kind. Darauf fallen Erbschaftsteuern in Höhe von 19% (= € 129.200)[87] pro Kind an. In der Summe fallen somit insgesamt € 258.400 Erbschaftsteuern an.

Das ist ziemlich viel Geld und es lohnt sich, über eine Strategie zur Absenkung nachzudenken. Das findet Eduard auch und schenkt daher jedem seiner beiden Kinder eines der beiden Mehrfamilienhäuser, die einen Wert von € 400.000 haben. Diese Schenkung überschreitet nicht den Freibetrag von € 400.000 pro Kind und ist daher schenkungsteuerfrei.

Unterstellen wir weiter, dass Eduard 12 Jahre später stirbt und dann die weiteren beiden Häuser an die Kinder als Erben fallen. Dann sieht die Rechnung der fälligen

---

[85] Ich verweise dazu auf § 13d ErbStG.

[86] Ich verweise dazu auf die Tabelle mit den ausgewiesenen Freibeträgen in der Steuerklasse I, die Sie oben in Kapitel B. I. finden.

[87] Ich verweise dazu auf die Tabelle mit den ausgewiesenen Steuersätzen in der Steuerklasse I, die Sie oben in Kapitel B. II. finden.

Erbschaftsteuern wie folgt aus: Pro Kind ergibt sich ein Erbschaftswert von € 800.000, der um 10% gekürzt werden darf,[88] was dann € 720.000 pro Kind ergibt. Darauf kann <u>erneut</u> ein Freibetrag in Höhe von € 400.000 in Anspruch genommen werden, so dass sich pro Kind eine steuerbare Erbschaft mit einem Wert von € 320.000 ergibt. Darauf fällt eine Erbschaftsteuer in Höhe von 15% (= € 48.000)[89] pro Kind an. Das stellt im Vergleich zu € 129.200 schon eine erhebliche Ersparnis dar.

Unterstellen wir nun eine andere Weiterentwicklung des Beispiels: Eduard stirbt nicht 12 Jahre nach der Schenkung der beiden Häuser an seine Kinder, sondern schenkt seinen Kindern zu diesem Zeitpunkt eine weitere Immobilie im Wert von € 800.000 zu je ½ und stirbt erst 11 Jahre nach dieser weiteren Schenkung. Diese zweite Schenkung löst - genau wie die erste - keine Schenkungsteuer aus, weil der Wert unterhalb des Freibetrages von € 400.000 pro Kind liegt. Da seit der ersten Schenkung bereits mehr als 10 Jahre vergangen sind, kann der Freibetrag erneut ausgenutzt werden. Erst 11 Jahre später stirbt Eduard und jetzt erben die Kinder das letzte der 4 Häuser mit einem Wert von € 800.000. Diese Erbschaft ist erbschaftsteuerfrei, weil der Wert sich wiederum un-

---

[88] Gemäß § 13d ErbStG sind im Privatvermögen gehaltene und vermietete Wohnimmobilien nur mit 90% des ermittelten Marktwertes anzusetzen.

[89] Ich verweise dazu auf die Tabelle mit den ausgewiesenen Steuersätzen in der Steuerklasse I, die Sie oben in Kapitel B. II. finden.

terhalb des Freibetrages von € 400.000 pro Kind bewegt. Der Freibetrag kann somit ein drittes Mal in Anspruch genommen werden, weil seit der letzten Schenkung mehr als 10 Jahre vergangen sind. In diesem Fall spart jedes Kind insgesamt € 129.200 Erbschaftsteuer. Wie Sie sehen, hat es sich in diesem Beispielsfall richtig gelohnt, über eine Strategie zur Absenkung der Erbschaftsteuer nachzudenken.

Wie sieht es nun aus, wenn die Immobilie noch nicht vollständig entschuldet ist? Im Erbfall gehen die Darlehensverbindlichkeiten des Erblassers anteilig auf die Erben über. Es handelt sich um eine Gesamtrechtsnachfolge in alle Rechte und Pflichten des Erblassers. Es ist natürlich **nicht** möglich, nur die Vermögenswerte ohne die Schulden zu vererben. Daher sind vom Wert der Immobilien die Darlehensverbindlichkeiten abzuziehen, um den für die Erbschaftsteuer relevanten Wert der Erbschaft zu ermitteln. Im Erbfall ist das eine klare Sache.

Wenn aber nun eine Immobilie **verschenkt** wird, ist die Sache nicht mehr so klar. Denn es sind unterschiedliche Ausgestaltungen der Schenkung denkbar. Möglich ist die Regelung, dass der Beschenkte im Schenkungsvertrag verpflichtet wird, die Darlehensverbindlichkeiten des

Schenkers zu übernehmen.[90] Das wäre ja eine durchaus akzeptable Vereinbarung für alle Beteiligten, weil der Beschenkte aus den Mieteinkünften die Darlehensraten bezahlen könnte. So würde man jedenfalls meinen als normal denkender Mensch ohne steuerrechtliches Hintergrundwissen. Aber leider gibt es bei einer solchen Konstellation eine böse Falle: Es liegt nämlich nach Auffassung des Finanzamtes in einem solchen Fall keine lupenreine Schenkung vor, sondern anteilig in Höhe der übernommenen Darlehensverbindlichkeiten ein **teilentgeltliches Veräußerungsgeschäft**, das beim Schenker einen steuerpflichtigen Veräußerungsgewinn auslösen kann. Ich ahne, dass Sie beim Lesen dieser Zeilen stutzen und sich fragen, wie denn so was sein kann. Und eigentlich haben Sie Recht. Viel naheliegender wäre die Annahme, dass es sich um eine im Wert verminderte Schenkung handelt und nicht um ein Teilveräußerungsgeschäft, bei dem die Übernahme der Darlehensverbindlichkeiten quasi den Verkaufspreis für einen entsprechenden Teil der Immobilie darstellt. Leider tut die Finanzverwaltung das jedoch nicht und kommt damit zu

---

[90] Eine Übernahme der Darlehensschuld im Außenverhältnis gegenüber der Bank erfordert die Zustimmung derselben gemäß § 415 BGB. Wenn die Bank nicht zustimmt, kann alternativ eine Regelung im Innenverhältnis getroffen werden, dass der Beschenkte sich verpflichtet, den Schenker von den Darlehensverbindlichkeiten freizustellen und an seiner Stelle die Darlehensraten zu leisten. Steuerrechtlich werden beide Varianten anerkannt.

einem steuerpflichtigen Veräußerungsgewinn beim Schenker, wenn die anteiligen Anschaffungskosten niedriger waren als die vom Beschenkten übernommenen Schulden und wenn die Immobilie insgesamt weniger als 10 Jahre gehalten worden ist.

Ich möchte Ihnen das anhand eines Beispiels demonstrieren, weil es sich so besser verstehen lässt:

Beispiel:

Alfred Erfolgreich hat vor 8 Jahren ein Mehrfamilienhaus in München für € 480.000 (inkl. Kaufnebenkosten) gekauft, das heute einen Marktwert von € 1.200.000 hat. Für die Finanzierung der Immobilie läuft noch ein Bankdarlehen mit einer Restvaluta von € 200.000.

Alfred möchte nun seiner Tochter die Immobilie schenken. Beide vereinbaren daher in dem Schenkungsvertrag, dass die Tochter die Bedienung und Rückführung des Darlehens von insgesamt noch € 200.000 übernimmt.

Das Finanzamt sieht darin ein teilweises Veräußerungsgeschäft und macht folgende Rechnung auf: Gemessen am Verkehrswert von € 1.200.000 sind 83,33% (= € 1.000.000 / € 1.200.000) geschenkt und 16,67% (= € 200.000 / € 1.200.000) entgeltlich übertragen worden. Für die Ermittlung des Veräußerungsgewinns stellt das Finanzamt auf das von der Tochter übernommene Darlehen als „Verkaufspreis" von € 200.000 für 16,67% der Immobilie ab. Die anteiligen Anschaffungskosten für diesen Anteil entsprechen 16,67% des damaligen Kaufpreises von € 480.000 (inkl. Kaufnebenkosten). Daraus ergibt sich ein anteiliger Anschaffungspreis für den an die Tochter „verkauften" Anteil von € 80.016 (= € 480.000 x 16,67%). Diese gedankliche Akrobatik führt beim Vater zu einem Veräußerungsgewinn in Höhe von € 119.984 (= € 200.000 - € 80.016). Zu diesem Betrag wäre noch die anteilige Afa der letzten 8 Jahre zu addieren, was den Veräußerungsgewinn nochmals um 16% der anteiligen Anschaffungskosten für das Gebäude (= AfA von 2% pro Jahr für 8 Jahre) erhöht.[91] Weil die Spekulationsfrist von 10 Jahren noch nicht abgelaufen ist (der Vater hatte das Objekt vor 8 Jahren erworben), ist der Veräußerungsgewinn auch steuerpflichtig.

Hinzu kommt noch die Schenkungsteuer, die von der Tochter zu zahlen ist. Der Schenkungsteuer ist ein Betrag in Höhe von € 540.000 (= € 1.000.000 – 10%[92] - € 400.000) unterworfen. Dafür sind 15% Schenkungsteuern fällig. Das ergibt noch einmal eine Belastung in Höhe von € 81.000 bei der Tochter. Unter dem Strich ergibt sich damit steuerrechtlich (etwas überspitzt ausgedrückt) ein

---

[91] Dazu verweise ich auf die Ausführungen auf S. 95 ff. in meinem Buch „**Steuerleitfaden für Immobilieninvestoren: Der ultimative Steuerratgeber für Privatinvestitionen in Wohnimmobilien**". Das Buch finden Sie bei Amazon unter dem folgenden Kurzlink: https://amzn.to/34tufW8

[92] Gemäß § 13d ErbStG sind im Privatvermögen gehaltene und vermietete Wohnimmobilien nur mit 90% des ermittelten Marktwertes anzusetzen.

wirtschaftlicher „Totalschaden" aus der Schenkung.

Mit diesem Beispiel habe ich Ihnen einmal mehr gezeigt, dass es im Steuerrecht viele Stolperfallen gibt. Ich möchte mich aber nicht darauf beschränken, Ihnen zu zeigen, was alles schief gehen kann. Vielmehr möchte ich Ihnen auch Wege zeigen, wie Sie diese Nachteile vermeiden können. Eine elegante Lösung für diesen Beispielsfall finden Sie in dem nachfolgenden Kapitel beschrieben.

III. VORBEHALTSNIEßBRAUCH ZUR SENKUNG DER SCHENKUNGSTEUER

Die Lösung des Problems für den Beispielsfall aus dem vorhergehenden Kapitel besteht in der Vereinbarung eines **Vorbehaltsnießbrauches** zwischen dem Vater als Schenker und der Tochter als Beschenkter. Genau diese Möglichkeit wäre das richtige Mittel, um die oben vorgerechneten steuerrechtlichen Nachteile zu vermeiden.

Was genau ist denn ein Vorbehaltsnießbrauch und welche Vor- und Nachteile hat er? Der Vorbehaltsnießbrauch ist das Recht zur Fruchtziehung, d.h. zur wirtschaftlichen Nutzung der Immobilie z.B. durch Vermietung auch für die Zeit nach Übertragung des Eigentums auf den Beschenkten. Dieses Recht wird im Grundbuch eingetragen und gilt in der Regel auf Lebenszeit des Schenkers. Es wirkt wie eine dingliche Belastung des Grundstücks. So können das Eigentum am Grundstück und das Recht zur Vermietung getrennt werden.

Vorteil einer solchen Konstruktion ist, dass der Schenker bis zu seinem Tod die Erträge aus Vermietung und Verpachtung behält und sogar die AfA des Gebäudes zur Reduzierung seiner Einkommensteuerbelastung nutzen kann obwohl er nicht mehr Eigentümer ist.[93] Mit dieser Konstruktion besteht auch keine wirtschaftliche Motivation mehr, die Darlehensverbindlichkeiten auf die Tochter zu übertragen, weil der Vater die Erträge aus der Vermietung der Immobilie behält. Außerdem kann er so weiterhin die Darlehenszinsen als Werbungskosten von der Steuer absetzen. Es muss auch kein Veräußerungsgewinn versteuert werden, weil es kein anteiliges Veräußerungsgeschäft gibt wie bei der gewählten Konstruktion im obigen Beispiel.

Und damit nicht genug. Die Konstruktion hat einen weiteren Vorteil. Der Kapitalwert des vorbehaltenen Nießbrauchs mindert den Wert der geschenkten Immobilie und hilft damit, Schenkungsteuern auf Seiten der beschenkten Tochter zu sparen. Die Wertminderung ergibt sich aus dem Produkt des jährlichen Nettomietertrages und einem Kapitalisierungsfaktor. Die entsprechenden Werte können in Abhängigkeit vom Lebensalter des Schenkers aus der nachfolgenden Tabelle abgelesen wer-

---

[93] Die Einzelheiten zu diesem Themenkomplex finden Sie in dem Schreiben des Bundesfinanzministeriums vom 30.09.2013 (Az IV C 1 – S 2253/07/10004) dargestellt. Das Schreiben ist abrufbar im Internet unter dem folgenden Link:
https://datenbank.nwb.de/Dokument/Anzeigen/477411

den.[94]

Vollen-detes Lebens-alter	Männer		Frauen	
	Durch-schnittliche Lebenser-wartung	Kapi-talwert	Durch-schnittliche Lebenser-wartung	Kapi-talwert
0	78,36	18,400	83,18	18,464
1	77,64	18,389	82,44	18,456
2	76,66	18,374	81,46	18,443
3	75,67	18,357	80,47	18,430
4	74,68	18,339	79,48	18,417
5	73,69	18,320	78,49	18,402
6	72,69	18,301	77,49	18,387
7	71,70	18,280	76,50	18,371
8	70,71	18,258	75,50	18,354
9	69,71	18,235	74,51	18,336
10	68,72	18,210	73,51	18,317
11	67,72	18,184	72,52	18,297
12	66,73	18,157	71,52	18,276

[94] Die Tabelle ist gemäß § 14 Abs. 1 des Bewertungsgesetzes (BewG) die maßgebliche Berechnungsgrundlage für die Ermittlung des Wertes von Nießbrauchsrechten, die auf Lebenszeit des Berechtigten eingeräumt werden.

13	65,73	18,128	70,53	18,254
14	64,74	18,098	69,54	18,231
15	63,75	18,066	68,54	18,206
16	62,75	18,033	67,55	18,180
17	61,77	17,998	66,56	18,152
18	60,79	17,961	65,57	18,124
19	59,81	17,922	64,58	18,093
20	58,83	17,881	63,60	18,062
21	57,86	17,838	62,61	18,028
22	56,88	17,793	61,62	17,992
23	55,91	17,746	60,63	17,955
24	54,93	17,695	59,64	17,915
25	53,96	17,643	58,65	17,873
26	52,98	17,587	57,66	17,829
27	52,01	17,528	56,67	17,783
28	51,03	17,466	55,69	17,735
29	50,06	17,401	54,70	17,683
30	49,09	17,333	53,71	17,629
31	48,12	17,261	52,73	17,572
32	47,15	17,185	51,75	17,512
33	46,18	17,106	50,77	17,449
34	45,21	17,022	49,78	17,382
35	44,25	16,934	48,80	17,312
36	43,29	16,841	47,82	17,238

37	42,32	16,744	46,85	17,161
38	41,37	16,642	45,87	17,079
39	40,41	16,535	44,89	16,993
40	39,45	16,422	43,92	16,903
41	38,50	16,304	42,95	16,808
42	37,55	16,180	41,98	16,708
43	36,61	16,050	41,01	16,603
44	35,66	15,914	40,05	16,493
45	34,73	15,771	39,09	16,378
46	33,80	15,623	38,13	16,256
47	32,87	15,467	37,18	16,130
48	31,95	15,305	36,23	15,997
49	31,03	15,135	35,29	15,858
50	30,13	14,959	34,35	15,712
51	29,23	14,775	33,42	15,561
52	28,34	14,584	32,49	15,401
53	27,46	14,387	31,56	15,234
54	26,59	14,182	30,65	15,062
55	25,73	13,971	29,74	14,881
56	24,88	13,752	28,83	14,691
57	24,05	13,527	27,94	14,496
58	23,22	13,294	27,05	14,292
59	22,42	13,056	26,16	14,078
60	21,62	12,810	25,28	13,856

61	20,83	12,557	24,42	13,628
62	20,05	12,298	23,56	13,390
63	19,29	12,032	22,70	13,141
64	18,54	11,759	21,85	12,883
65	17,80	11,480	21,00	12,613
66	17,07	11,193	20,17	12,337
67	16,35	10,898	19,34	12,049
68	15,64	10,596	18,53	11,755
69	14,94	10,287	17,72	11,448
70	14,25	9,970	16,91	11,127
71	13,57	9,647	16,12	10,801
72	12,89	9,315	15,34	10,465
73	12,23	8,976	14,56	10,114
74	11,58	8,632	13,79	9,754
75	10,93	8,277	13,03	9,383
76	10,30	7,920	12,27	8,997
77	9,68	7,557	11,53	8,605
78	9,08	7,191	10,81	8,209
79	8,49	6,824	10,10	7,803
80	7,92	6,457	9,42	7,400
81	7,38	6,098	8,77	7,000
82	6,86	5,745	8,15	6,606
83	6,38	5,403	7,56	6,219
84	5,91	5,066	6,99	5,832

85	5,47	4,744	6,45	5,455
86	5,07	4,441	5,95	5,097
87	4,69	4,151	5,48	4,750
88	4,34	3,873	5,04	4,418
89	4,01	3,613	4,63	4,102
90	3,70	3,361	4,26	3,810
91	3,42	3,126	3,92	3,537
92	3,16	2,907	3,61	3,283
93	2,94	2,717	3,34	3,059
94	2,72	2,534	3,09	2,849
95	2,55	2,382	2,88	2,670
96	2,40	2,251	2,71	2,523
97	2,27	2,316	2,54	2,375
98	2,14	2,027	2,40	2,253
99	2,02	1,917	2,24	2,111
100	1,91	1,819	2,11	1,996

Die vorstehende Tabelle ist sehr aktuell und gilt für alle Bewertungsstichtage ab dem 01.01.2019.[95]

Wenn der Schenker nicht gerade steinalt ist und noch eine erhebliche Lebenserwartung hat, ergeben sich beachtliche Kapitalwerte des Nießbrauchs, die den für die Schenkungsteuer relevanten Wert der Immobilie reduzieren. Im Idealfall wird der Wert der Schenkung durch den Nießbrauchsvorbehalt unter den relevanten Freibetrag (bei Schenkungen von Eltern an Kinder wären das € 400.000) gedrückt, so dass gar keine Schenkungsteuer anfällt.

Nachfolgend finden Sie eine alternative Ausgestaltung des obigen Beispiels mit einer Schenkung unter Vorbehaltsnießbrauch durchgerechnet:

Beispiel:

Alfred schenkt die Immobilie unter Vorbehalt eines Nießbrauches auf Lebenszeit an seine Tochter, die eine gut verdienende Ärztin ist. Bei Vollzug der Schenkung ist

---

[95] Ich verweise dazu auf das Schreiben des Bundesfinanzministeriums vom 22.11.2018 (Az IV C 7 - S 3104/09/10001), welches als Anlage die vollständige Tabelle enthält. Es ist abrufbar im Internet unter dem folgenden Link:
https://www.bundesfinanzministerium.de/Content/DE/Downloads/BMF_Schreiben/Steuerarten/Erbschaft_Schenkungsteuerrecht/2018-11-22-bewertung-eine-lebenslaenglichen-nutzung-oder-leistung-fuer-stichtage-ab-1-1-2019.pdf

Alfred 65 Jahre alt.

Wenn die Immobilie einen jährlichen Nettomietertrag in Höhe € 60.000 abwirft, dann ergibt sich daraus ein Kapitalwert des Nießbrauchs in Höhe von € 688.800 (= € 60.000 x 11,480). Dieser Betrag darf vom Wert der Schenkung abgezogen werden.

Damit ergibt sich für die Tochter folgender Wert der Schenkung:

Verkehrswert der Immobilie: € 1.200.000

Abzüglich 10%:[96] € 120.000

Abzüglich Kapitalwert Nießbrauch: € 688.800

Differenz: € 391.200

Damit liegt der Wert der Schenkung unterhalb des Freibetrages von € 400.000 mit dem schönen Ergebnis, dass die Tochter keine Schenkungsteuer zahlen muss. Das ist doch eine wirklich intelligente Lösung für das oben dargestellte Problem in dem Beispiel ohne Vorbehaltsnießbrauch.

Ein weiterer nützlicher Nebeneffekt ist, dass dem Vater auch nach der Schenkung der Immobilie aufgrund des Vorbehaltsnießbrauches die Mieteinnahmen zustehen, von denen er sogar die AfA des Gebäudes abziehen darf. Als Rentner profitiert er zudem von einem niedrigeren Einkommensteuersatz, da er nur den Ertragswert der Rente versteuern muss und darüber hinaus mit seinen

---

[96] Ich verweise dazu auf § 13d ErbStG.

Renteneinkünften in einer niedrigeren Progressionsstufe bei der Einkommensteuer veranlagt wird als seine Tochter, die noch im Arbeitsleben steht und als gut verdienende Ärztin eine sehr hohe Einkommensteuerbelastung hat. Es ist daher auch im Hinblick auf die Einkommensteuerbelastung aller Beteiligten viel sinnvoller, die Mieteinnahmen dem Vater zuzuordnen. Unter dem Strich gibt es also nur Vorteile für den Schenker und den Beschenkten.

Aber bitte beachten Sie: Wenn für die Immobilie noch ein Darlehen läuft, das von dem Schenker und Nießbrauchsberechtigten bedient wird, sind die Darlehenszinsen von den jährlichen Mieteinnahmen abzuziehen, um daraus den Kapitalwert des Nießbrauches zu ermitteln.[97] Darüber hinaus ist zu berücksichtigen, dass das Gesetz eine Begrenzung der Wertminderung regelt: Der Jahreswert des Nießbrauchsrechtes darf maximal den Wert betragen, der sich ergibt, wenn der Marktwert der Immobilie durch 18,6 geteilt wird.[98]

Abschließend möchte ich noch einen Punkt etwas vertiefen, den ich eben nur beiläufig erwähnt habe. Ihnen ist beim Lesen zu den Besonderheiten des Vorbehaltsnießbrauches vielleicht aufgefallen, dass der Schenker die AfA für das Gebäude weiterhin geltend machen kann,

---

[97] Ich verweise dazu auf Finanzgericht Münster, Urteil vom 26.11.2015 (Az 3 K 2711/13 Erb).

[98] Ich verweise auf § 16 des Bewertungsgesetztes (BewG).

obwohl er nicht mehr Eigentümer der Immobilie ist.[99] Bei Lichte betrachtet ist das ja eigentlich nicht logisch und vielmehr ein systematischer Fehler, der sich nicht widerspruchsfrei in die gesamte Steuersystematik einfügt. Denn AfA kann nur der Eigentümer einer Immobilie geltend machen. Aber beim Vorbehaltsnießbrauch wird in der Praxis der Finanzverwaltung davon abgewichen. Verantwortlich zeichnet das Bundesfinanzministerium als treibende Kraft, um sehr vermögenden Immobilieneigentümern ein schickes Steuergeschenk zukommen zu lassen. Denn die Möglichkeit, systemwidrig die AfA geltend zu machen, spart dem Schenker und Inhaber des Vorbehaltsnießbrauches Einkommensteuern. Ohne diesen Systemfehler würden diese Werbungskosten ungenutzt verpuffen. Wie Sie sehen, sind Immobilieneigentümer für die Regierung offenbar wichtige Wähler, die man gerne verwöhnt und bei Laune hält. Das scheint hier wieder der leicht versteckte, aber für Eingeweihte durchaus erkennbare „rote Faden" zu sein, der in das sehr komplizierte Geflecht aus Steuergesetzen eingewebt ist.

Im Kapitel „**G. Anhang (Mustertexte)**" finden Sie ein Muster für einen Immobilienschenkungsvertrag unter Nießbrauchsvorbehalt unter der Ziffer III.

---

[99] Die Einzelheiten zu diesem Themenkomplex finden Sie in dem Schreiben des Bundesfinanzministeriums vom 30.09.2013 (Az IV C 1 – S 2253/07/10004) dargestellt. Das Schreiben ist abrufbar im Internet unter dem folgenden Link:
https://datenbank.nwb.de/Dokument/Anzeigen/477411

IV. ERBRECHTLICHE SCHRANKEN VON SCHENKUNGEN & ZWISCHENMENSCHLICHES

Bei Schenkungen gibt es neben dem Schenkungsteuerrecht noch erbrechtliche und zwischenmenschliche Aspekte zu berücksichtigen.

Beginnen wir mit den zwischenmenschlichen Aspekten. Ich gebe Ihnen den Rat, bei der Schenkung von Immobilien an Kinder sehr gründlich nachzudenken und sich größte Mühe zu geben, alle Kinder gleich zu beschenken.

Wenn Sie mehrere Immobilien besitzen und diese auf mehrere Kinder verteilen, dann besteht die Gefahr, dass sich Kinder benachteiligt fühlen, weil sie der Auffassung sind, dass die an sie geschenkte Immobilie weniger wertvoll ist als die an ein anderes Kind geschenkte. Aus Ihrer Perspektive als Schenkender mag das kleinlich und undankbar erscheinen. Denn immerhin schenken Sie den Kindern etwas. Und da kann sich doch eigentlich niemand beschweren. Ein weiser Mensch mag sich zu einer solchen Erkenntnis durchringen. Aber nicht alle Menschen sind weise und Kinder neigen dazu, sich mit Geschwistern zu vergleichen und eifersüchtig darüber zu wachen, dass alle die gleiche Zuwendung der Eltern bekommen.

Vor diesem Hintergrund sollten Sie darüber nachdenken, den Kindern nicht ganze Immobilien zu schenken, sondern allen Kindern gleich große Anteile an allen

Immobilien. Es ist rechtlich möglich, eine Immobilie dergestalt zu schenken, dass sie z.B. 2 Kindern einen ideellen Anteil am Eigentum zu jeweils ½ zuwenden. Dann kann keines der Kinder sich benachteiligt fühlen. Bei Mehrparteienhäusern ist es auch möglich, das Haus in Eigentumswohnungen aufzuteilen und jedem Kind eine identische Anzahl an Wohnungen zu schenken. Wenn Sie Grund zu der Annahme haben, dass die Kinder sich über die Verwaltung der Immobilie zerstreiten könnten, dann können Sie einen professionellen Verwalter einsetzen und grundlegende Regelungen vorab treffen.

Dann gibt es noch den erbrechtlichen Aspekt, der ebenfalls dafür spricht, alle Kinder gleichmäßig zu beschenken: Denn wenn Sie **Pflichtteilsberechtigte** (dazu gehören auch die Kinder) nicht gleichmäßig beschenken, kann das nach Eintritt des Erbfalls **Pflichtteilsergänzungsansprüche** der weniger reich oder gar nicht Beschenkten auslösen.[100] Sie laufen also Gefahr, nicht nur zu Lebzeiten Spannungen unter den Kindern und letztlich auch zwischen Ihren Kindern und Ihnen zu erzeugen, sondern Sie legen darüber hinaus den Grundstein für rechtliche Streitigkeiten unter den Kindern nach Ihrem Ableben.

Schließlich brauchen Sie die Mitwirkung Ihrer Kinder, wenn Sie und Ihr Ehegatte sich im Rahmen eines

---

[100] Das ist in § 2325 und in § 2329 BGB geregelt.

Berliner Testamentes[101] gegenseitig als Alleinerben für den Vorerbfall (Versterben eines Ehegatten) einsetzen und dabei sicherstellen wollen, dass Ihre Kinder keine Pflichtteilsansprüche gegen den länger lebenden Ehegatten geltend machen. Beim Berliner Testament ist dafür der Verzicht der Pflichtteilsberechtigten (also in jedem Fall der Kinder) auf den Pflichtteil erforderlich, wenn der länger lebende Ehegatte den gesamten Nachlass ungeschmälert erhalten soll.

Es kann insbesondere dann zu Schwierigkeiten und nervenaufreibenden Auseinandersetzungen kommen, wenn Kinder sich durch vorgenommene Schenkungen ungerecht behandelt fühlen und daher nicht kooperieren beim Pflichtteilsverzicht zur Realisierung des Berliner Testamentes.[102] Das gilt auch dann, wenn im Berliner Testament die „Keule" der Sanktionierung der Geltendmachung des Pflichtteilsrechtes im Vorerbfall mit der Enterbung auch für den Schlusserbfall (Tod des länger lebenden Ehegatten) verankert wird.[103] Denn ein emotional gekränktes Kind könnte allein aus Trotz den länger lebenden Ehegatten beim Vorerbfall in eine juristische Auseinandersetzung über die Bewertung des Nachlasses

---

[101] Detaillierte Ausführungen zum „Berliner Testament" finden Sie weiter oben im Abschnitt D. VI.

[102] Detaillierte Ausführungen zum „Berliner Testament" finden Sie weiter oben im Abschnitt D. VI.

[103] Ich verweise dazu auf Ziffer 2. b) des Musters für ein Berliner Testament im Kapitel G. Anhang (Mustertexte).

und die Höhe des Pflichtteilsanspruches zwingen, auch wenn das am Ende des Tages wirtschaftlich unvernünftig wäre. Daher ist es auch im eigenen Interesse der Eltern, bei Schenkungen von Immobilien an Kinder sehr sorgfältig vorzugehen und alles daran zu setzen, Enttäuschungen und emotionale Verletzungen zu vermeiden.

V. STEUERLICHE BEHANDLUNG VON GLEICHSTELLUNGSGELDERN BEI IMMOBILIENSCHENKUNGEN

Manchmal ist es nicht möglich oder nicht gewollt, allen Kindern gleichmäßig Immobilien oder Anteile an Immobilien zu schenken. Wenn z.B. eine Immobilie geschenkt wird, die für einen Betrieb erforderlich ist, der nur von einem Kind übernommen werden soll, dann ist es natürlich naheliegend, diese Immobilie dem Übernehmer des Betriebes allein zu schenken. In einem solchen Fall ist es jedoch erforderlich und ratsam, anderweitig Ausgleich zu schaffen für die nicht beschenkten Kinder. Dies ist schon aus rechtlichen Gründen angezeigt, um keine Pflichtteilsergänzungsansprüche der anderen Kinder gegen den Beschenkten auszulösen.

In solchen Fällen wird mit sogenannten **Gleichstellungsgeldern** gearbeitet. Das heißt, dass der Beschenkte im Schenkungsvertrag verpflichtet wird, als Ausgleich Geldzahlungen an Geschwister zu leisten, um diese dafür zu kompensieren, dass sie bei der Schenkung leer ausgehen oder weniger erhalten haben.

Eine weitere Konstellation ist die, dass eines der Kinder über sehr viel Geldvermögen verfügt und die anderen Kinder hingegen einen Geldmangel haben. Auch in solchen Fällen kann es im Interesse aller Beteiligten sein, eine Immobilie nur an ein Kind zu verschenken und dieses Kind zu verpflichten, Gleichstellungsgelder an die Geschwister zu zahlen.

Eine Mitwirkung der Geschwister beim Abschluss eines solchen Vertrages ist zwar aus rechtlicher Sicht nicht erforderlich. Es ist jedoch unbedingt zu empfehlen, die geplanten Vereinbarungen mit allen Kindern offen zu besprechen und sicher zu stellen, dass alle Beteiligten mit der gewählten Höhe der Gleichstellungsgelder einverstanden sind und sich niemand benachteiligt fühlt.[104]

Hier stellt sich natürlich wieder eine schenkungsteuerrechtliche Frage: Sind die Gleichstellungsgeldzahlungen als (mittelbare) Schenkungen der Eltern an die Kinder anzusehen oder sind es Schenkungen des beschenkten Kindes an die Geschwister? Diese Frage ist nicht nur akademisch, sondern hat steuerrechtlich große Auswirkungen. Denn die Freibeträge für Schenkungen unter Geschwistern betragen lediglich € 20.000 während die Freibeträge für Schenkungen der Eltern an Kinder € 400.000 pro Kind betragen. Die gute Nachricht ist, dass es sich bei den Gleichstellungsgeldern steuerrechtlich um eine Schenkung der Eltern an die Kinder handelt und damit der Freibetrag von € 400.000 pro Kind zur Anwendung gelangt.

---

[104] In diesem Zusammenhang kann auch gut über einen Pflichtteilsverzicht aller Kinder für die Realisierung eines Berliner Testamentes gesprochen werden, um diesen zum Bestandteil eines Gesamtpaketes von Vereinbarungen zu machen. Ein Pflichtteilsverzicht ist für den Vorerbfall erforderlich, wenn die Eltern ein sogenanntes Berliner Testament errichten wollen. Ich verweise dazu auf die Ausführungen in Kapitel D. VI.

Für das beschenkte Kind, das die Gleichstellungsgelder an die Geschwister zahlt, handelt es sich um Lasten, die den Wert der Schenkung reduzieren. Damit können diese abgezogen werden und reduzieren eine etwaige Schenkungsteuerlast dieses Kindes.

Wie Sie sehen, sind Gleichstellungsgelder ein sehr flexibles und steuerrechtlich voll wirksames Mittel, um bei Schenkungen von Immobilien optimale Lösungen zu finden.

Aber bitte beachten Sie, dass Vorsicht geboten ist, wenn die Haltefrist von 10 Jahren zum Zeitpunkt der Schenkung der Immobilie noch nicht abgelaufen ist. In diesem Fall können beim Schenker steuerpflichtige Veräußerungsgewinne auflaufen, weil die Finanzverwaltung in Höhe der Gleichstellungsgelder eine teilentgeltliche Veräußerung an das beschenkte Kind annimmt. Hier stellt sich die gleiche Problematik wie bei der Übernahme von Darlehensverbindlichkeiten durch den Beschenkten. Ich verweise dazu auf das Fallbeispiel, das weiter oben im Abschnitt E. II. besprochen wurde.

Wenn die Grundregel **eisern** beachtet wird, Renditeimmobilien **niemals** vor Ablauf von 10 Jahren Haltedauer zu veräußern, ist ein Veräußerungsgewinn steuerfrei und der Schenker ist immer auf der sicheren Seite.

VI. KETTENSCHENKUNGEN

An sich naheliegende Wege sind in steuerrechtlicher Hinsicht oft nicht die besten Lösungen. Wenn z.B. der Großvater einem Enkel eine Immobilie schenken möchte, dann kann es zur Vermeidung von Erbschaftsteuern sinnvoll sein, diese zunächst an ein Kind zu schenken, das die Immobilie dann an den Enkel weiterschenkt. Ähnliches gilt für die Schenkung von Immobilien an Schwiegerkinder über den Umweg der Kinder als Ehegatten der Schwiegerkinder. In solchen Fällen spricht man von Kettenschenkungen.

1. Schenkung an Enkel über Umweg der Kinder

Nehmen wir folgendes Beispiel, um zu verdeutlichen, welche Vorteile mit Schenkungen über Umwege verbunden sein können.

Beispiel:

Der Großvater ist Eigentümer mehrerer Immobilien. Seinem Lieblingsenkel (Sohn seines Sohnes) möchte er ein Mietwohnhaus schenken, das einen Wert von € 440.000 hat. Würde er die Immobilie direkt an den Enkel schenken, so könnte der Enkel dafür einen Freibetrag in Höhe von € 200.000 geltend machen. Auf den überschießenden Betrag müsste er Schenkungsteuern zahlen, die sich wie folgt errechnen:

Wert der Schenkung: € 440.000

Nach Abzug von 10% für vermietete

Wohnimmobilien:[105] € 396.000

abzüglich Freibetrag: € 200.000

zu versteuern: € 196.000

Schenkungsteuer (11%): € 21.560

Schenkt der Großvater die Immobilie hingegen zunächst an den Sohn und der Sohn diese weiter an den Enkel, so kann der Enkel stattdessen einen Freibetrag in Höhe von € 400.000 in Anspruch nehmen und würde keine Erbschaftsteuern zahlen.

Bei einer solchen Schenkung gibt es jedoch einige Dinge zu berücksichtigen, damit das Finanzamt keinen Strich durch die Rechnung macht: Aus Sicht des Finanzamtes kann diese Schenkung über den Umweg des Sohnes als solche an den Enkel gewürdigt werden mit der Folge, dass der geringere Freibetrag zur Anwendung kommt. Diese Schlussfolgerung liegt insbesondere dann nahe, wenn in dem Schenkungsvertrag an das Kind die Auflage aufgenommen wird, die Immobilie an das Enkelkind weiter zu schenken.[106] Der bloße zeitlich enge Zu-

---

[105] Gemäß § 13d ErbStG sind im Privatvermögen gehaltene und vermietete Wohnimmobilien nur mit 90% des ermittelten Marktwertes anzusetzen.

[106] Ich verweise dazu auf das wegweisende Grundsatzurteil des Bundessfinanzhofes vom 18.07.2013 (Az II R 37/11).

sammenhang der aufeinander folgenden Schenkungen hingegen reicht nicht aus für die Annahme einer Schenkung vom Großvater an den Enkel.[107] Entscheidend ist vielmehr, dass der zuerst Beschenkte in seiner Entscheidung frei bleibt, die nachfolgende Schenkung zu bewirken oder auch nicht. Insofern ist empfehlenswert, alles zu vermeiden, was eine solche Festlegung des Erstbeschenkten dokumentieren kann.

2. Schenkung an Schwiegerkinder über Umweg der Kinder

Rechtlich gesehen sind Schwiegerkinder nicht mit den Schwiegereltern verwandt. Aus diesem Grunde steht Ihnen lediglich ein Freibetrag für Schenkungen und Erbschaften in Höhe von mageren € 20.000 zu. Darüber hinaus unterliegen Schwiegerkinder als Erben der Steuerklasse II einem sehr hohen Steuersatz. Seit dem 01.01.2009 beträgt dieser ab dem ersten Euro oberhalb des Freibetrages von € 20.000 satte 30%.[108] Wollen Schwiegereltern einem Schwiegerkind eine Immobilie schenken, führt das folglich in der Regel zu sehr hohen Schenkungsteuern.

Häufig ist beabsichtigt, dem Schwiegerkind und dem eigenen Kind gemeinsam eine Immobilie zu schenken,

---

[107] Ich verweise dazu auf das wegweisende Grundsatzurteil des Bundessfinanzhofes vom 18.07.2013 (Az II R 37/11).

[108] Ich verweise dazu auf die Tabelle im Kapitel B. II.

die als Eigenheim genutzt werden kann. Auch für diese Fälle gibt es eine Lösung: Wenn die Schwiegereltern die Immobilie zunächst an das leibliche Kind schenken und das Kind die Immobilie (anteilig) an den Ehegatten (= Schwiegerkind) weiterschenkt, dann kommen erheblich höhere Freibeträge und günstigere Steuersätze zum Tragen. Denn das leibliche Kind hat einen Freibetrag von € 400.000 und das Schwiegerkind als Ehegatte des leiblichen Kindes einen Freibetrag von € 500.000 für Schenkungen.

Die Schwiegereltern sind also gut beraten, keine direkte Schenkung an Schwiegerkinder vorzunehmen, sondern immer über den Umweg der leiblichen Kinder zu schenken.

Auch für diese Kettenschenkung gelten die oben unter 1. gemachten Ausführungen, dass der zuerst Beschenkte in seiner Entscheidung frei bleiben muss, ob und wann er die Immobilie weiterschenkt. Es dürften folglich keine Auflagen und Verpflichtungen im Schenkungsvertrag dokumentiert werden, die eine Festlegung und damit eine Ausdeutung als Schenkung der Schwiegereltern an das Schwiegerkind nahelegen.

3. Schenkung an Kinder über den Umweg eines mittellosen Ehegatten

Ist das Vermögen bei einem Ehegatten konzentriert wohingegen der andere kaum Vermögen hat, ergibt sich die ungünstige Konsequenz, dass die Freibeträge der Kinder bei der Übertragung von Immobilien des vermögenden Ehegatten auf die Kinder schnell ausgeschöpft sind während die Freibeträge der Kinder im Verhältnis zum anderen Ehegatten ungenutzt verpuffen.

In einer solchen Konstellation besteht die Lösung zur Vermeidung von Schenkungsteuern darin, dass ein Teil des Vermögens zunächst im Wege der Schenkung auf den Ehegatten übertragen wird. Bis zu dem Freibetrag für Ehegatten in Höhe von € 500.000 ist das ohne Steuerbelastung möglich. Wenn dann der weniger vermögende Ehegatte die Immobilie auf die Kinder weiterüberträgt, können die Freibeträge der Kinder ihm gegenüber genutzt werden. Dadurch ergibt sich praktisch eine Verdopplung des Freibetrages eines Kindes im Verhältnis zum vermögenden Elternteil.

Am besten lässt sich das mit einem Beispiel verdeutlichen:

Beispiel:

Ehegatte A ist Eigentümer von vier entschuldeten Mietwohnhäusern im Wert von jeweils € 400.000. Ehegatte B verfügt über kein nennenswertes Vermögen. Da Ehegatte A schon 70 Jahre alt ist, möchte er der gemeinsamen Tochter im Wege der vorweggenommenen Erbfolge Immobilien schenken, um Erbschaftsteuern zu sparen.

Da nach der statistischen Lebenserwartung nicht davon auszugehen ist, dass er noch weitere 30 Jahre leben wird und damit klar ist, dass die Tochter nicht vier Mal den Freibetrag von € 400.000 ausnutzen kann, wird die Tochter erhebliche Beträge Schenkungsteuern bzw. Erbschaftsteuern zahlen müssen. Um das zu vermeiden, schenkt Ehegatte A sofort eine der vier Immobilien dem Ehegatten B und eine zweite der gemeinsamen Tochter. Beide Schenkungen sind schenkungsteuerfrei da innerhalb des Freibetrages von € 400.000 für die Tochter und unterhalb von € 500.000 für den Ehegatten B. Der Ehegatte B schenkt die erhaltene Immobilie an die Tochter weiter. Auch diese weitere Schenkung an die Tochter ist schenkungsteuerfrei, da sie vom Freibetrag der Tochter gegenüber Ehegatte B (€ 400.000) vollständig gedeckt ist.

Wenn Ehegatte A das 80. Lebensjahr erreicht, könnte er die gleichen Schenkungen noch einmal schenkungsteuerrechtlich neutral durchführen und hätte damit sein Ziel erreicht, der Tochter Erbschafts- und Schenkungsteuern vollständig zu ersparen. Ohne die Schenkung über den Ehegatten B hätte er mindestens 100 Jahre alt werden müssen, um dieses Ziel zu erreichen.

Auch für diese Kettenschenkung gelten die oben unter 1. gemachten Ausführungen, dass der zuerst Beschenkte in seiner Entscheidung frei bleiben muss, ob und wann er die Immobilie weiterschenkt. Es dürften folglich keine Auflagen und Verpflichtungen im Schenkungsvertrag dokumentiert werden, die eine Festlegung und damit eine Ausdeutung als Schenkung des Ehegatten A an die Tochter nahelegen.

VII. ÄNDERUNGEN DES EHELICHEN GÜTERSTANDS

Wie im vorhergehenden Abschnitt dargestellt, kann die Übertragung von Vermögen auf mittellose Ehegatten sinnvoll sein, um weitere Freibeträge für Schenkungen an Kinder zu generieren.

Dieser Weg ist jedoch dann problematisch, wenn es eine große Vermögensmasse und mehrere Kinder gibt. Dann erweist sich der Freibetrag für Schenkungen an den Ehegatten (= € 500.000) als Engpass, der die Nutzung aller Freibeträge der Kinder verhindert. Für dieses Problem haben findige Juristen sich eine Lösung ausgedacht, der man den Namen „**Güterstandschaukel**" gegeben hat. Diese dient dazu, Vermögen unentgeltlich auf den Ehegatten zu übertragen, ohne in den Anwendungsbereich der Schenkungsteuer zu gelangen. Damit wird eine Tür geöffnet, um Vermögen schenkungsteuerfrei auf den Ehegatten zu übertragen, das den Freibetrag von € 500.000 übersteigt.

Wie genau funktioniert nun die „Güterstandschaukel"? Für die Erklärung muss ich ein wenig ausholen: Wenn Ehegatten bei der Eheschließung keine Vereinbarung über ihren Güterstand treffen, gilt kraft Gesetzes der Güterstand der Zugewinngemeinschaft. Bei Beendigung dieses Güterstandes (z.B. durch Scheidung oder durch notarielle Vereinbarung) entsteht eine Ausgleichsforderung des „ärmeren" gegen den „reicheren" Ehegatten, der in der Ehezeit einen höheren Vermögenszuwachs erwirtschaftet hat. Dazu wird das Nettovermögen zu Beginn der Ehe mit dem Nettovermögen zum Zeitpunkt der Beendigung des Güterstandes verglichen. Der Ehegatte mit dem höheren Zugewinn muss die Hälfte der Differenz zwischen seinem Zugewinn und dem Zugewinn des Ehegatten als Ausgleich zahlen.[109] Und jetzt wird es für die Schenkungsteuer interessant: Diese Ausgleichszahlung ist **keine** Schenkung und unterliegt **nicht** der Schenkungsteuer.[110] Und genau hier liegt der entscheidende Vorteil, der es ermöglicht, einen „Bypass" zu legen, um Vermögen schenkungsteuerfrei auch oberhalb des Freibetrages von € 500.000 auf einen Ehegatten zu übertragen. Dazu vereinbaren die Ehegatten, den Güterstand der Zugewinngemeinschaft aufzuheben und in den Güterstand der Gütertrennung zu wechseln. Damit wird die Ausgleichsforderung im Hinblick auf den Zugewinn ausgelöst. Voraussetzung ist natürlich, dass auch tatsächlich ein entsprechend höherer Zugewinn erwirtschaftet worden ist. Das ist bei einer sehr ungleichen Verteilung des Vermögens unter Ehegatten in aller Regel der Fall. Der vermögendere Ehegatte erwirtschaftet meistens einen deutlich höheren Vermögenszuwachs im gleichen Zeitraum.

Allerdings gibt es eine Einschränkung: Der Güterstand der Zugewinngewinngemeinschaft muss tatsächlich beendet werden und die Höhe der Ausgleichsforde-

---

[109] Das ist in § 1378 BGB geregelt.

[110] Das ist in § 7 ErbStG in Verbindung mit § 5 Abs. 2 ErbStG geregelt.

rung muss realistisch berechnet werden. **Nicht** ausrei-chend ist die bloße Vereinbarung eines vorgezogenen Zu-gewinnausgleiches ohne Beendigung des Güterstandes der Zugewinngemeinschaft.[111]

Es ist jedoch zulässig, nach dem Wechsel zur Güter-trennung wieder zurück zu wechseln zum Güterstand der Zugewinngemeinschaft. Erstaunlicherweise hat der Bun-desfinanzhof sogar einen Rückwechsel gebilligt, der in ein und derselben notariellen Urkunde für den Folgetag nach Aufhebung des Güterstandes der Zugewinngemein-schaft vereinbart worden war.[112] Das war nicht unbedingt zu erwarten, weil eine derartige Vorgehensweise doch recht deutlich die Absicht einer missbräuchlichen Steuer-gestaltung indiziert, die vom Fiskus grundsätzlich nicht anerkannt wird.[113]

Einmal mehr zeigt diese Entscheidung, dass der staat-liche Machtapparat in Deutschland gegenüber vermö-genden Menschen und Immobilieneigentümern sehr wohlwollend ist. Natürlich dürfte das auch damit zu-sammenhängen, dass nicht wenige führende Köpfe im staatlichen Machtapparat selbst sehr vermögend sind und von dieser Haltung profitieren.

---

[111] Ich verweise dazu auf Bundesfinanzhof, Urteil vom 24.8.2005 (Az II R 28/02).

[112] Ich verweise dazu auf Bundesfinanzhof, Urteil vom 12.07.2005 (Az II R 29/02).

[113] Das ist in § 42 Abgabenordnung (AO) geregelt.

Ich rate gleichwohl zur Vorsicht. Denn es ist nicht auszuschließen, dass der Bundesfinanzhof seine Rechtsprechung noch einmal ändert. Man bietet weniger Ansatzpunkte für die Annahme einer missbräuchlichen Steuergestaltung, wenn man den Rückwechsel zum Güterstand der Zugewinngemeinschaft **nicht** in derselben notariellen Urkunde regelt, sondern erst einige Zeit später in einer separaten notariellen Urkunde.

Man sollte den Rückwechsel zum Güterstand der Zugewinngemeinschaft aber auf jeden Fall vornehmen. Denn die Zugewinngemeinschaft bietet auch bei Eintritt des Erbfalles noch einmal einen Vorteil im Hinblick auf die Erbschaftsteuer. Denn im Erbfall wird der Anteil der Erbmasse von der Steuer ausgenommen, der einem Zugewinnausgleichsanspruch entsprechen würde.[114]

Abschließend möchte ich Ihnen die Vorteile der „Güterstandschaukel" mit einem Beispiel demonstrieren:

Beispiel:

Ehegatte A ist erfolgreicher Immobilieninvestor. Ehegatte B kümmert sich um den Haushalt und verfügt weder über Einkommen noch über nennenswertes Vermögen. Die Eheleute haben drei Kinder.

Zu Beginn der Ehe hatte Ehegatte A ein Immobiliennettovermögen in Höhe von € 1.000.000. Nach 10 Jahren Ehezeit hat er ein Immobiliennettovermögen in Höhe € 6.000.000.

---

[114] Das ist in § 5 Abs. 1 ErbStG geregelt.

Er möchte bereits zu Lebzeiten Immobilien an seine Kinder verschenken, um Erbschaftsteuern zu sparen. Denn ihm ist klar, dass die Kinder bei diesen Vermögensverhältnissen im Erbfall vom Fiskus massiv zur Kasse gebeten würden. Bei einem Erbteil von € 2.000.000 pro Kind (abzüglich 10%, weil es sich um vermietete Immobilien handelt, die im Privatvermögen gehalten werden)[115] ergibt sich nach Anwendung des Freibetrages von € 400.000 ein steuerpflichtiger Erbschaftswert in Höhe von € 1.400.000 (= € 2.000.000 x 0,90 - € 400.000) für jedes Kind. Aus dem einschlägigen Steuersatz von 19%[116] ergäbe sich damit eine Belastung mit Erbschaftsteuern in Höhe von € 266.000 für jedes Kind. In der Summe wären das € 798.000 Steuern.

Als Sofortmaßnahme zur Vermeidung einer derart hohen Steuerlast schenkt Ehegatte A seinen drei Kindern jeweils eine entschuldete Immobilie mit einem Wert von je € 440.000. Diese drei Schenkungen sind steuerfrei, weil mit Anwendung von 10% Abzug für vermietete und im Privatvermögen gehaltene Wohnimmobilien der Wert der Schenkung pro Kind (= € 396.000) den Freibetrag von € 400.000 nicht überschreitet. Die Freibeträge der drei Kinder gegenüber Ehegatte B können leider nicht voll ausgenutzt werden, weil eine Schenkung von Immobilien unter Ehegatten nur bis zu einem Freibetrag von € 500.000 steuerfrei möglich ist. Tatsächlich wären aber Freibeträge

---

[115] Ich verweise dazu auf § 13d ErbStG.

[116] Ich verweise dazu auf die Tabelle in Kapitel B. II.

von insgesamt € 1.200.000 ausnutzbar (= 3 x € 400.000).

Daher vereinbaren die Ehegatten eine Aufhebung des Güterstandes der Zugewinngemeinschaft und eine Gütertrennung mit folgendem Ergebnis:

Zugewinn Ehegatte A: € 5.000.000

Zugewinn Ehegatte B: € 0

Differenz: € 5.000.000

=> Ausgleichsforderung: € 2.500.000

Die Ausgleichsforderung des Ehegatten B erfüllt Ehegatte A durch Übertragung von Immobilien mit einem entsprechenden Wert. Alternativ könnten die Immobilien verkauft und der Betrag in Geld gezahlt werden.[117] Nach der schenkungsteuerfreien Erfüllung der Zugewinnausgleichsforderung ist nun Ehegatte B in der Lage, den drei

---

[117] Bei der Entscheidung spielt eine Rolle, ob die Haltefrist von 10 Jahren abgelaufen ist, um einen Veräußerungsgewinn der Immobilie einkommensteuerfrei zu vereinnahmen. Wenn das nicht der Fall ist, wäre ein Verkauf der Immobilien ein schwerer Fehler. Dazu verweise ich auf die Ausführungen in meinem Buch „**Steuerleitfaden für Immobilieninvestoren: Der ultimative Steuerratgeber für Privatinvestitionen in Wohnimmobilien**". Das Buch finden Sie bei Amazon unter dem folgenden Kurzlink: https://amzn.to/34tufW8

Kindern sofort Vermögen in Höhe des Freibetrages von € 400.000 pro Kind (= insgesamt € 1.200.000) steuerfrei zu übertragen.

Da die Freibeträge alle 10 Jahre erneut ausgenutzt werden können, nehmen die Eheleute 10 Jahre später erneut Schenkungen im Wert von € 400.000 pro Kind vor (= 2 x € 1.200.000 = € 2.400.000).

Durch diese Schachzüge konnten in 10 Jahren insgesamt € 4.800.000 steuerfrei auf die Kinder übertragen werden. Wenn nun später als 10 Jahre nach der zweiten Schenkung der Erbfall eintritt, können die Kinder nochmals € 1.200.000 steuerfrei von Ehegatte A erben. Damit konnten insgesamt erfolgreich rund € 800.000 an Erbschafts- und Schenkungsteuern gespart werden.

Neben der „Güterstandschaukel" gibt es noch die Steuerbefreiung gemäß § 13 Abs. 1 Nr. 4a und 4b ErbStG für die (anteilige) Übertragung des selbst bewohnten Eigenheims an den Ehegatten.[118] Eine solche ist unabhängig vom Wert (!) steuerfrei möglich. Sie kann auch mit der „Güterstandschaukel" kombiniert werden.

---

[118] Ich verweise dazu auf die obigen Ausführungen im Kapitel B. III.

VIII. RÜCKABWICKLUNG VON SCHENKUNGEN UND SOZIALHILFEREGRESS

Unter bestimmten Voraussetzungen sieht das Gesetz einen Anspruch des Schenkers vor, eine Schenkung rückgängig zu machen.

Eine gesetzlich geregelte Fallgestaltung ist die Verarmung des Schenkers.[119] Eine solche ist gegeben, wenn er seinen eigenen Unterhalt nicht mehr bestreiten kann oder wenn er bestehende Unterhaltspflichten gegenüber dem Ehegatten oder anderen unterhaltsberechtigten Personen nicht mehr erfüllen kann. In einem solchen Fall hat er einen Anspruch gegen den Beschenkten auf Rückübertragung des Geschenkes.

Der Beschenkte hat allerdings die Möglichkeit, die Rückforderung des Geschenkes abzuwenden durch regelmäßige Zahlung des für den Unterhalt des Schenkers und der Unterhaltsberechtigten erforderlichen Geldbetrages.

Wenn der Schenker staatliche Sozialleistungen bezieht, kann auch der Sozialhilfeträger den Rückforderungsanspruch des Schenkers gegen den Beschenkten auf sich überleiten und gegen den Beschenkten durchsetzen. Allerdings ist dies nur in einem Zeitfenster von 10 Jahren nach Vollzug der Schenkung möglich.

---

[119] Das ist in § 528 Abs. 1 BGB geregelt.

Ein Rückforderungsanspruch des Schenkers kann sich auch wegen groben Undanks des Beschenkten ergeben.[120] Das Gesetz nimmt einen solchen Anspruch an, wenn der Beschenkte sich gegenüber dem Schenker einer schweren Verfehlung schuldig gemacht hat. Wann eine solche anzunehmen ist, haben im Einzelfall Gerichte zu entscheiden.

---

[120] Das ist in § 530 Abs. 1 BGB geregelt.

IX. GESTALTUNGEN ZUR ABSICHERUNG DES SCHENKERS

Häufig sind Immobilien Bausteine der Altersversorgung. Daher stellt sich für den Schenker die Frage der eigenen Absicherung im Fall der Schenkung einer Immobilie im Wege der vorweggenommenen Erbfolge.

Das Recht stellt verschiedene Instrumente zur Absicherung eines Schenkers zur Verfügung. Diese möchte ich Ihnen in den folgenden Ausführungen vorstellen. Ich werde dabei auch die Vor- und Nachteile der jeweiligen Gestaltungsmöglichkeiten darstellen. Insbesondere werde ich Ihnen die steuerlichen Konsequenzen für den Schenker und den Beschenkten (Einkommensteuer und Schenkungsteuer) aufzeigen. Eine Absicherung des Schenkers soll natürlich nicht zu steuerrechtlichen „Kollateralschäden" führen.

1. Vorbehalt eines Nießbrauchsrechtes

Ein beliebtes und häufig gewähltes Mittel der Absicherung des Schenkers ist der Vorbehalt eines Nießbrauchsrechtes an der Immobilie.

a) Definition und Inhalt des Nießbrauchsrechtes

Der Nießbrauch ist das Recht zur Fruchtziehung aus einer Sache. Bei einer Wohnimmobilie beinhaltet er das Recht zur Bewohnung der Immobilie oder zur Erzielung von Einnahmen durch Vermietung. Beim Vorbehalt eines Nießbrauches werden das Eigentum an einer Immobilie und das Recht zur Nutzung getrennt. Das Eigentum geht auf den Beschenkten über während das wirtschaftliche Nutzungsrecht beim Schenker verbleibt.

Das ist eine universelle Absicherung des Schenkers. Er bleibt wirtschaftlich weiterhin im „Driver-Seat". Weil er frei entscheiden kann, ob er die Immobilie selbst nutzen oder durch Vermietung Erträge erwirtschaften möchte, ist er auch für den Fall abgesichert, dass er in ein Pflegeheim umziehen muss und die verschenkte Immobilie selbst nicht mehr bewohnen kann. Der Inhaber des Nießbrauchsrechtes bleibt sogar berechtigt, die AfA für das Gebäude steuerlich geltend zu machen, obwohl dieses Recht eigentlich dem Eigentümer zusteht.[121]

Der Schenker hat natürlich nach der Eigentumsumschreibung nicht mehr die Befugnis zur Veräußerung und Belastung der Immobilie. Diese hat nach Vollzug der Schenkung nur der Beschenkte. Die Eintragung des

---

[121] Die Einzelheiten zu diesem Themenkomplex finden Sie in dem Schreiben des Bundesfinanzministeriums vom 30.09.2013 (Az IV C 1 – S 2253/07/10004) dargestellt. Das Schreiben ist abrufbar im Internet unter dem folgenden Link:
https://www.bundesfinanzministerium.de/Content/DE/Downloads/BMF_Schreiben/Steuerarten/Erbschaft_Schenkungsteuerrecht/2018-11-22-bewertung-eine-lebenslaenglichen-nutzung-oder-leistung-fuer-stichtage-ab-1-1-2019.pdf

Nießbrauchsrechtes im Grundbuch schützt den Schenker aber gegen einen Verlust seines Rechtes im Falle der Veräußerung der Immobilie durch den Beschenkten. Denn als dingliche Belastung klebt das Nießbrauchsrecht wie Pech an dem Grundstück und wirkt auch gegenüber allen Erwerbern des Grundstückes für die Dauer seiner Bestellung.

Wie üblich für dingliche Belastungen von Grundstücken, sind diese im Grundbuch einzutragen. Bei der Eintragung spielt auch der Rang eine Rolle. Anzuraten ist eine erstrangige Eintragung des Nießbrauchs im Grundbuch. Wenn allerdings vorrangig Grundschulden für Banken eingetragen sind, ist eine erstrangige Eintragung erst dann möglich, wenn die Darlehen vollständig getilgt und die Grundschulden gelöscht worden sind. Eine nachrangige Eintragung gegenüber Grundschulden führt dazu, dass der Nießbrauch im Falle der Zwangsversteigerung des Grundstückes auf Betreiben eines vorrangigen Grundschuldgläubigers (in aller Regel einer Bank) erlischt.[122]

Für die Eintragung im Grundbuch ist eine Bestellung des Nießbrauchsrechtes in öffentlich beglaubigter Form oder in Form der notariellen Beurkundung erforderlich. Die Bestellung des Nießbrauchsrechtes wird daher in der Regel in den Schenkungsvertrag integriert, der zu seiner Wirksamkeit der notariellen Beurkundung bedarf. Ein

---

[122] Das ist in §§ 44, 52 und 91 Zwangsversteigerungsgesetz (ZVG) geregelt.

entsprechendes Muster eines notariellen Schenkungsvertrages mit integriertem Nießbrauchsvorbehalt finden Sie am Ende dieses Buches in Kapitel G. unter der Ziffer III.

Da das Nießbrauchsrecht bis zum Lebensende des Schenkers bestellt wird, ist er damit optimal abgesichert. Das Nießbrauchsrecht ist **nicht** vererblich und **nicht** übertragbar. Es erlischt mit dem Tod des Nießbrauchsberechtigten.[123] Auch das ist eine praktische Eigenschaft, weil damit sichergestellt ist, dass es im Erbfall automatisch endet und der Beschenkte dann eine unbelastete Immobilie erwirbt.

Abschließend weise ich darauf hin, dass ein Nießbrauchsrecht auch **quotal für einen Bruchteil** vorbehalten werden kann. Schenker und Beschenkter können z.B. vereinbaren, dass jeder Partei ½ der Mieteinnahmen zustehen sollen.

b) Schenkungsteuerliche Auswirkungen des Nießbrauches

Der Vorbehalt eines Nießbrauches scheint für den Beschenkten auf den ersten Blick nur Nachteile zu haben. Er ist bis zum Ableben des Schenkers von den wirtschaftlichen Erträgen aus dem Grundstück abgeschnitten und erwirbt zunächst ein quasi ausgehöhltes Eigentumsrecht, das für ihn keinen wirtschaftlichen Wert zu haben scheint. Bei genauerem Hinsehen gibt es aber auch für den Beschenkten Vorteile: Er kann Schenkungsteuer spa-

---

[123] Das ist in §§ 1059 und 1065 BGB geregelt.

ren, weil der Wert der Schenkung durch das vorbehaltene Nießbrauchsrecht reduziert ist.

Wie hoch die Wertminderung durch einen Nieß-brauch ausfällt, ist gesetzlich geregelt im Bewertungsge-setz.[124] Die Wertminderung ergibt sich aus dem Produkt eines Kapitalisierungsfaktors mit den jährlichen Netto-mieterträgen. Der Kapitalisierungsfaktor hängt vom Le-bensalter und von der statistischen Restlebenserwartung des Nießbrauchsberechtigten ab. Er kann aus einer Tabel-le abgelesen werden, die das Bundesfinanzministerium auf der Grundlage von § 14 BewG herausgibt und regel-mäßig aktualisiert.[125] Bei Schenkern, die noch nicht stein-alt sind, ergeben sich daraus beachtliche Einsparmöglich-keiten bei der Schenkungsteuer.[126]

Allerdings enthält das Gesetz eine Begrenzung der Wertminderung: Der Jahreswert des Nießbrauchsrechtes darf maximal mit dem Wert angesetzt werden, der sich

---

[124] Ich verweise auf § 14 Abs. 1 des Bewertungsgesetztes (BewG).

[125] Ich verweise dazu auf das Schreiben des Bundesfinanzministeriums vom 28.11.2017 (Az IV C 7 - S 3104/09/10001). Abrufbar unter dem folgenden Link: https://www.bundesfinanzministerium.de/Content/DE /Downloads/BMF_Schreiben/Steuerarten/Erbschaft_Sc henkungsteuerrecht/2017-11-28-bewertung-eine-lebenslaenglichen-nutzung-oder-leistung-fuer-stichtage-ab-1-1-2018.pdf

[126] Wegen der Einzelheiten verweise ich auf die obigen Ausführungen in Kapitel E. III.

ergibt, wenn der Marktwert der Immobilie durch 18,6 geteilt wird.[127]

c) Regelungsanforderungen für den Erbfall

Wenn eine Immobilie Eheleuten gemeinsam zu je ½ gehört, dann ist es nicht ausreichend, dass sich jeder den Nießbrauch auf seinem hälftigen Eigentumsanteil vorbehält. Denn beim Tod eines der beiden Ehegatten würde sein Nießbrauch erlöschen und der überlebende Ehegatte hätte nur noch einen Nießbrauch auf der Hälfte der Immobilie. Das ist in aller Regel nicht gewollt. Vielmehr wird angestrebt, dass der Nießbrauch des vorversterbenden Ehegatten dem länger lebenden zuwächst. In einer solchen Konstellation müssen die Ehegatten sich den Nießbrauch als Gesamtgläubiger und darüber hinaus für den länger lebenden Ehegatten allein vorbehalten und diesen entsprechend im Grundbuch eintragen lassen. Ein Muster eines notariellen Schenkungsvertrages mit integriertem Nießbrauchsvorbehalt und einer solchen Regelung finden Sie am Ende dieses Buches in Kapitel G. unter der Ziffer III.

Wenn nur ein Ehegatte Eigentümer der Immobilie ist, besteht in der Regel der Wunsch, den anderen Ehegatten nach Vollzug der Schenkung an die Kinder abzusichern, wenn der Eigentümer vorverstirbt. In diesem Fall müsste der Nießbrauch so ausgestaltet werden, dass er für den Eigentümer selbst auf Lebenszeit vorbehalten wird **und**

---

[127] Ich verweise auf § 16 des Bewertungsgesetztes (BewG).

darüber hinaus aufschiebend bedingt auf den Tod des Eigentümerehegatten ein Zuwendungsnießbrauch für den anderen Ehegatten bestellt wird. In der Regel wird ein solcher **aufschiebend bedingter Zuwendungsnießbrauch** noch unter die weitere Bedingung gestellt, dass die Ehe beim Tod des Eigentümerehegatten noch besteht. Ansonsten würde der Nießbrauch auch dann in Kraft treten, wenn die Eheleute geschieden sind und der Eigentümer vorverstirbt. Daher muss der Zuwendungsnießbrauch unter diese weitere Bedingung gestellt werden. Zur Umsetzung eines solchen Wunsches wird der beurkundende Notar geeignete Formulierungen vorschlagen.

d) Lastenverteilung nach Vollzug der Schenkung

Aufgrund des vorbehaltenen Nießbrauchs stellt sich bei einer solchen Schenkung die Frage, wer für die Lasten einer Immobilie aufkommt. Denn sowohl der Beschenkte als auch der Schenker und Nießbrauchsberechtigte haben Rechte an der Immobilie.

Die Grundregel beim Nießbrauch besagt, dass der Nießbrauchsberechtigte für den gewöhnlichen Unterhalt der Immobilie und für die laufenden Betriebskosten und Grundsteuern als Kehrseite des Rechtes zur Fruchtziehung verantwortlich ist.[128] Darüber hinaus hat der Nießbrauchsberechtigte nach dem Gesetz die Lasten von laufenden Renovierungen ohne modernisierenden Charak-

---

[128] Das ist in § 1047 BGB geregelt.

ter zu tragen.[129] Dazu gehören z.B. die Erneuerung des Anstriches und das Abschleifen eines Parkettfußbodens.

Für darüber hinausgehende Maßnahmen und Modernisierungen (z.B. die Erneuerung der Heizungsanlage oder der gesamten elektrischen Anlagen) ist nach der gesetzlichen Regelung **nicht** der Nießbraucher, sondern der Eigentümer zuständig.[130] Es gibt jedoch ein starkes einkommensteuerrechtliches Argument dafür, von dieser Regelung abzuweichen und bei der Ausgestaltung des Nießbrauches dem Nießbraucher auch die Verantwortung für diese weitergehenden Instandhaltungsmaßnahmen aufzuerlegen. Denn nur der Nießbraucher kann die Aufwendungen für solche Maßnahmen von der Steuer absetzen, da nur ihm die Erträge aus der Vermietung zugeordnet sind. Ohne eine solche Regelung würden diese Aufwendungen steuerrechtlich nutzlos verpuffen, weil der Beschenkte keine entsprechenden Mieterträge hat, von denen er die modernisierenden Instandhaltungsaufwendungen abziehen kann. Schließlich verfügt der Nießbrauchsinhaber auch über entsprechende Mittel, um solche Maßnahmen bezahlen zu können, weil die Mieterträge in seine Tasche fließen. Das ist ein weiteres Argument, ihm auch die Aufwendungen für solche Maßnahmen zuzuordnen. Ein Muster eines notariellen Schenkungsvertrages mit integriertem Nießbrauchsvorbehalt und einer entsprechenden Regelung für die weitergehenden In-

---

[129] Das ist in § 1041 BGB geregelt.

[130] Das ist in § 1041 BGB geregelt.

standsetzungsaufwendungen finden Sie am Ende dieses Buches in Kapitel G. unter der Ziffer III.

2. Bestellung eines dinglichen Wohnrechtes

Wenn der Schenker in der Immobilie wohnt und dort auch nach Vollzug der Schenkung und nach erfolgter Eigentumsumschreibung im Grundbuch wohnen bleiben will, dann bietet sich als Absicherung die Bestellung eines dinglichen Wohnrechtes an.[131]

a) Definition und Inhalt eines Wohnrechtes

Ein dingliches Wohnrecht wird in der Regel auf Lebenszeit bestellt und muss im Grundbuch eingetragen werden. Das Wohnrecht ist nicht übertragbar und nicht vererblich. Es erlischt mit dem Tod des Berechtigten.

Die Überlassung der Ausübung des Wohnrechtes an Dritte (entgeltlich oder unentgeltlich) ist dem Wohnrechtsinhaber nach der gesetzlichen Ausprägung nicht gestattet. Das ist ein wesentlicher Unterschied zum Nießbrauchsrecht. Die Überlassung an Dritte kann dem Wohnrechtsinhaber jedoch vom Eigentümer vertraglich gestattet werden.[132] Der Inhaber des Wohnrechtes ist allerdings auch ohne Gestattung berechtigt, Ehegatten, Le-

---

[131] Das ist in § 1093 BGB geregelt.

[132] Das ist in § 1092 BGB geregelt.

benspartner und Kinder in die Wohnung aufzunehmen.[133]

Bei der Eintragung des Wohnrechtes im Grundbuch spielt auch der Rang eine Rolle. Anzuraten ist eine erstrangige Eintragung im Grundbuch. Wenn allerdings vorrangig Grundschulden für Banken im Grundbuch eingetragen sind, ist eine erstrangige Eintragung erst dann möglich, wenn die Darlehen vollständig getilgt und die Grundschulden gelöscht worden sind. Eine nachrangige Eintragung gegenüber Grundschulden führt dazu, dass das Wohnrecht im Falle der Zwangsversteigerung der Immobilie auf Betreiben eines vorrangigen Grundschuldgläubigers (in aller Regel einer Bank) erlischt.[134]

b) Regelungsanforderungen für den Erbfall

Wenn beiden Eheleuten das Eigenheim zu je ½ gehört, dann muss das dingliche Wohnrecht so bestellt werden, dass es zunächst beiden als Gesamtgläubigern zusteht und nach Versterben eines Ehegatten dem länger lebenden allein.

Ist nur einer der Ehegatten Eigentümer, so bietet sich ein dingliches Wohnrecht an, das für den Eigentümer auf Lebenszeit bestellt wird und darüber hinaus für den Nichteigentümerehegatten aufschiebend bedingt auf den Tod des Eigentümerehegatten. Zur Umsetzung eines sol-

---

[133] Das ist in § 1093 Abs. 2 BGB geregelt.

[134] Das ist in §§ 44, 52 und 91 Zwangsversteigerungsgesetz (ZVG) geregelt.

chen Wunsches wird der beurkundende Notar geeignete Formulierungen vorschlagen.

c) Lastenverteilung nach Vollzug der Schenkung

Im Hinblick auf die Zuständigkeiten für die Erhaltung und Lastentragung der Immobilie gelten die gleichen Regelungen wie beim Nießbrauch.[135] Nach der gesetzlichen Ausprägung ist der Wohnrechtsinhaber für den gewöhnlichen Instandhaltungsaufwand ohne modernisierenden Charakter verantwortlich.[136] Darunter sind Maßnahmen wie z.B. Erneuerung des Anstriches und Abschleifen des Parkettfußbodens zu fassen. Für darüber hinausgehende Maßnahmen und Modernisierungen (z.B. die Erneuerung der Heizungsanlage oder der gesamten elektrischen Anlagen) ist der Wohnrechtsinhaber nicht zuständig.

Wenn von diesem Grundsatz Abweichungen vereinbart werden sollen, sollte das bereits bei der Bestellung des Wohnrechtes besprochen und detailliert geregelt werden, um späteren Streit zu vermeiden.

d) Schenkungsteuerliche Auswirkungen des Wohnrechtes

Das Wohnrecht mindert genau wie das Nießbrauchsrecht den Wert der Schenkung. Die Höhe der Wertmin-

---

[135] Das ist in § 1093 in Verbindung mit den §§ 1041 und 1047 BGB geregelt.

[136] Das ist in § 1093 in Verbindung mit § 1041 BGB geregelt.

derung wird identisch berechnet wie beim Nießbrauch. Der jährliche Wert des Wohnrechtes wird in Höhe der erzielbaren Nettomieteinnahmen bei einer Vermietung der Wohnung angesetzt. Dieser Wert wird dann mit dem entsprechenden Kapitalisierungsfaktor multipliziert, der sich aus dem Lebensalter und der statistischen Lebenserwartung des Wohnrechtinhabers ergibt. Ich verweise zur Vermeidung von Wiederholungen auf die obigen Ausführungen zum Nießbrauch in Abschnitt IX. 1. b).

Damit mindert auch ein Wohnrecht die Schenkungsteuer und hat damit neben der Absicherung des Schenkers noch einen angenehmen steuerrechtlichen Nebeneffekt für den Beschenkten.

e) Wann ist ein Wohnrecht sinnvoll und wann ein Nießbrauch?

Diese Frage werden Sie sich beim Lesen vielleicht bereits gestellt haben. Im Folgenden möchte ich Ihnen dazu einige typische Fallgestaltungen und die entsprechenden Argumente für die Wahl von Nießbrauch oder Wohnrecht darstellen:

Wenn der Schenker die Immobilie auch nach Vollzug der Schenkung für die Ausübung einer freiberuflichen oder gewerblichen Tätigkeit weiter nutzen möchte (z.B. eine Rechtsanwaltskanzlei oder ein Steuerberaterbüro), dann sollte unbedingt ein Nießbrauchsrecht bestellt werden und kein Wohnrecht. Denn das Wohnrecht würde eine solche Nutzung nicht abdecken.

Wenn derjenige überschuldet ist, der beschenkt werden soll, dann ist es sinnvoller, dieser Person ein Wohnrecht zu bestellen statt ihr die Immobilie zu schenken. Wichtig ist dabei, das Recht des Wohnrechtsinhabers zur Vermietung der Immobilie auszuschließen. Denn ein solches Recht wäre pfändbar und würde einen Zugriff der Gläubiger des Kindes auf die Immobilie ermöglichen. Das blanke Wohnrecht hingegen ist pfändungssicher. Ein Fehler wäre in einem solchen Fall die Bestellung eines Nießbrauchsrechtes, das ohne Weiteres dem Zugriff der Gläubiger unterliegt.

Schließlich ist ein Wohnrecht dann alternativlos gegenüber einem Nießbrauch, wenn es an einer Wohneinheit bestellt werden soll, die dinglich im Grundbuch **nicht** separiert ist. Das ist z.B. bei einem Mehrparteienmietshaus der Fall, das **nicht** in Eigentumswohnungen aufgeteilt ist. Denn ein Nießbrauch kann nur an einem ideellen Bruchteil einer Sache bestellt werden wohingegen ein Wohnrecht auch an einem hinreichend präzise beschriebenen Teil einer Immobilie bestellt werden kann, der im Grundbuch nicht als eigene Eigentumseinheit separiert ist. Wenn der Schenker ein solches nicht in Eigentumswohnungen aufgeteiltes Mietshaus verschenken will und z.B. selbst in der obersten Etage wohnen bleiben möchte, dann ist das nur mit einem Wohnrecht darstellbar und nicht mit einem Nießbrauch.

3. Pflegeverpflichtung des Beschenkten

Häufig erfolgen Schenkungen von Immobilien der älteren Generation in der Erwartung, die Kinder und Enkel zu motivieren, sich im Alter um diese zu kümmern. Vor diesem Hintergrund werden mitunter Verträge geschlossen, die beschenkten Kindern oder Enkeln eine Pflegeverpflichtung für den Schenker auferlegen.

Bei genauerem Hinsehen gestalten sich solche Vereinbarungen jedoch als schwierig. Denn es müssen viele Details geregelt werden:

- Wie, wie oft und in welchem Umfang sind die Pflegeleistungen zu erbringen?
- Sind diese in Person zu erbringen oder können diese delegiert werden?
- Wo sind die Pflegeleistungen zu erbringen (in der Wohnung zu Hause oder auch in einem Pflegeheim nach dem Umzug der Schenker)?
- Wem sollen Geldleistungen der Pflegeversicherung zufließen?
- Welche Regelungen sollen greifen, wenn der Beschenkte gar nicht pflegen kann, weil er selbst erkrankt (z.B. Rückforderungsrecht der Schenkung)?

Darüber hinaus gibt es Problembaustellen im Zwischenmenschlichen. Häufig erfolgt die Schenkung zu einem Zeitpunkt, zu dem der Schenker noch keine Hilfe benötigt und noch nicht pflegebedürftig ist. Die Beschenkten machen sich zu diesem Zeitpunkt keine Vorstellung von den Belastungen und persönlichen Einschränkungen, die eine Pflegeverpflichtung nach sich zieht. Schließlich kann es zum Problem werden, wenn es persönliche Konflikte gibt und das Verhältnis des Beschenkten zum Schenker belastet ist. Dann kann eine

Pflegeverpflichtung für beide Parteien zu einer nervlichen und emotionalen Belastung werden.

Schließlich stellen sich schwierige Fragen der Abgrenzung zu Pflegeansprüchen des Schenkers aus der Pflegeversicherung. In der Regel wollen die Parteien nicht die Pflegeversicherung entlasten durch ihre Vereinbarung. Denn für die Ansprüche aus der Pflegeversicherung hat der Schenker ja viele Jahre Beiträge gezahlt. Wie aber genau die Abgrenzung aussehen soll, müssen Schenker und Beschenkter bereits bei der Schenkung regeln.

Für den Fall, dass der Schenker die Kosten einer Unterbringung in einem Pflegeheim nicht aus eigenen Mitteln tragen kann und ergänzend Sozialhilfeleistungen der öffentlichen Hand in Anspruch nehmen muss, kann ein sogenannter Sozialhilferegress auf die Beschenkten Angehörigen zukommen. Da die Pflegeversicherung nur eine Basisabsicherung beinhaltet (quasi Teilkasko- und nicht Vollkaskomodell), ist es eher die Regel als die Ausnahme, dass diese allein nicht ausreichend ist. Wenn der Schenker keine üppige Rente erhält, entstehen daher schnell Finanzierungslücken, für die zunächst der Sozialhilfeträger einspringt. Er kann jedoch bei den Beschenkten Regress nehmen.

Für den Fall eines Sozialhilferegresses sollte die Vereinbarung über die Pflegeleistungen durch den Beschenkten entschädigungslos ruhend gestellt werden. Allerdings kann sich eine solche Vereinbarung im Einzelfall als unwirksam herausstellen wegen Sittenwidrigkeit.[137]

Die Einzelheiten sind sehr kompliziert. Ohne anwaltliche Beratung ist es kaum möglich, eine Pflegeverpflichtung als Gegenleistung einer Schenkung wirksam und fehlerfrei aufzusetzen.

4. Immobilienschenkung gegen Rentenzahlung

Im vorangehenden Abschnitt habe ich Ihnen die Nachteile und Schwierigkeiten der Vereinbarung einer Pflegeverpflichtung geschildert. Das ist eine gute Überleitung zu dem Thema dieses Kapitels. Zur Vermeidung der oben beschriebenen Probleme kann eine Schenkung gegen laufende Rentenzahlungen vereinbart werden.

a) Vorteile der Rente gegenüber Pflegeverpflichtung und Nießbrauch

Die Rentenzahlung hat den Vorteil, dass der Schenker und der Beschenkte flexibel bleiben und die oben beschriebenen Schwierigkeiten bei der Vereinbarung einer Pflegeverpflichtung vermeiden können. Denn bei einer Rentenzahlung kann der Schenker jederzeit entscheiden, ob er das Geld einsetzen möchte, um Pflegeleistungen oder Annehmlichkeiten im Alter einzukaufen oder ob er dieses Geld ohne Verpflichtung monatlich dem Beschenkten ganz oder teilweise zurückgibt, wenn dieser sich um ihn kümmert.

---

[137] Sittenwidrige Verträge sind gemäß § 138 BGB nichtig.

Der Schenker und Rentenempfänger fühlt sich bei einer solchen Regelung weniger abhängig und der Beschenkte weniger verpflichtet. Alle Seiten können frei und flexibel entscheiden, wie sie ihr Leben gestalten möchten und es kann jederzeit auf veränderte Rahmenbedingungen reagiert werden. Das führt häufig auch dazu, dass das zwischenmenschliche Verhältnis entspannter wird.

Ein Vorteil gegenüber dem Nießbrauch besteht darin, dass der Schenker nicht mehr mit der Verwaltung und Bewirtschaftung der Immobilie belastet ist. Als Nießbraucher wäre er ja weiterhin in der Vermieterposition und müsste sich Gedanken um Mieterhöhungen, Renovierungen und Instandhaltungsmaßnahmen machen. Bei Vereinbarung einer Rentenzahlung ist er von all diesen Pflichten befreit. Das ist gerade in höherem Alter des Schenkers ein großer Vorteil. Da der Beschenkte in der Regel jünger und leistungsfähiger ist als der Schenker, kann er diese Aufgaben besser bewältigen.

Für den Beschenkten besteht der Vorteil der Rentenlösung darin, dass er keinen Beschränkungen unterliegt bei der Bewirtschaftung der Immobilie. Er ist sogar befugt, diese zu veräußern. Es handelt sich daher bei Lichte betrachtet um eine echte und vollständige Stabübergabe an den Beschenkten.

Zur Absicherung der Rentenzahlungspflicht kann eine **Reallast** (ähnlich wie eine Grundschuld) auf der Immobilie im Grundbuch eingetragen werden.[138] Das sollte auf jeden Fall erfolgen, weil der Schenker nur so vollständig abgesichert ist im Falle eines Verkaufes der Immobilie durch den Beschenkten.

Darüber hinaus sichert die Reallast den Rentenempfänger auch dagegen ab, dass der Beschenkte die Zahlung der Rente verweigert, da die Rentenzahlung erforderlichenfalls durch Zwangsversteigerung der Immobilie sichergestellt werden kann.

Bei der Eintragung einer Reallast im Grundbuch spielt auch der Rang eine Rolle. Diese sollte für eine optimale Absicherung des Schenkers und Rentenempfängers möglichst erstrangig bestellt und eingetragen werden.

b) Ausgestaltungsvarianten der Rentenzahlung

Es gibt zwei Ausgestaltungsvarianten einer Rentenzahlungsverpflichtung: Die **Leibrente** und die sogenannte **dauernde Last**.

Bei der **Leibrente** wird vereinbart, dass bis zum Lebensende des Rentenempfängers monatlich oder jährlich ein fester Betrag gezahlt wird.[139] Es ist möglich und empfehlenswert, dabei eine Wertsicherungsklausel zum Inflationsausgleich zu vereinbaren. Bei der **dauernden Last** wird die Höhe des monatlich oder jährlich zu zahlenden Rentenbetrages an die Leistungsfähigkeit des Zahlenden

---

[138] Ich verweise dazu auf § 1105 BGB.

[139] Die Leibrente ist gesetzlich geregelt in § 759 BGB.

und die Bedürfnisse des Rentenempfängers gekoppelt. Bei einer Änderung der Rahmenbedingungen (z.B. Eintritt von Pflegedürftigkeit des Rentenempfängers) besteht ein Anspruch auf Anpassung des Rentenbetrages, der auch gerichtlich erzwungen werden kann.[140]

Auf den ersten Blick erscheint die dauernde Last geeigneter, weil sie eine flexible Anpassung des Rentenbetrages im Hinblick auf sich verändernde Rahmenbedingungen ermöglicht. Sie birgt jedoch ein erhebliches Streitpotential, weil der Schenker und Beschenkte zu ständigen Diskussionen über die Angemessenheit des vereinbarten Rentenbetrages animiert werden. Meinungsverschiedenheiten können dabei zu erheblichen Konflikten führen, die auch gerichtlich ausgetragen werden können. Daher ist es in der Praxis vorzugswürdig, eine Leibrente mit einem festen Betrag und einer Wertsicherungsklausel für den Inflationsausgleich zu vereinbaren. Tatsächlich ist diese Variante auch die in der Praxis in aller Regel deutlich häufiger gewählte Lösung.

c) Steuerliche Auswirkungen der Rente

Abgesehen von den praktischen Vorteilen ist die Schenkung gegen Leibrentenverpflichtung auch im Hinblick auf die Reduzierung der Steuerlast keine schlechte Wahl.

aa) Schenkungsteuer

---

[140] Das ist in § 323 Zivilprozessordnung (ZPO) geregelt.

Bei der **Schenkungsteuer** kann der Beschenkte die Rentenzahlungsverpflichtung vom Wert der Schenkung abziehen und damit im Ergebnis Steuern sparen. Dabei wird die Leibrentenverpflichtung zu einem Rentenbarwert hochgerechnet, der den Wert der Schenkung mindert. Dazu wird der jährliche Rentenbetrag mit einem Faktor multipliziert, der von der statistischen Lebenserwartung des Rentenberechtigten abhängt. Hier kommt wieder die Tabelle zum Einsatz, die auf der Grundlage von § 14 BewG als verbindliche Berechnungsgrundlage publiziert wurde.[141]

Ich möchte Ihnen das durch ein Beispiel demonstrieren:

Beispiel:

Heinz Schenker hat ein Mietwohnhaus mit einem Wert von € 1.000.000, aus dem er einen jährlichen Mietzinsertrag in Höhe von € 70.000 erzielt. Er ist 65 Jahre alt und gerade pensioniert worden. Er schenkt nun seinem

---

[141] In dem Kapitel E. III. finden Sie die aktuelle Tabelle mit den Kapitalisierungsfaktoren abgedruckt. Ich verweise darüber hinaus auf das Schreiben des Bundesfinanzministeriums vom 22.11.2018 (Az IV C 7 - S 3104/09/10001), welches als Anlage die vollständige Tabelle enthält. Es ist abrufbar im Internet unter dem folgenden Link: https://www.bundesfinanzministerium.de/Content/DE/Downloads/BMF_Schreiben/Steuerarten/Erbschaft_Schenkungsteuerrecht/2018-11-22-bewertung-eine-lebenslaenglichen-nutzung-oder-leistung-fuer-stichtage-ab-1-1-2019.pdf

Sohn Michael das Wohnhaus gegen die Verpflichtung des Sohnes, eine Leibrente in Höhe von jährlich € 45.000 an ihn zu zahlen.

Der Wert der Schenkung für die Ermittlung der Schenkungsteuer ergibt sich aus folgender Berechnung:

Wert der Immobilie: € 1.000.000

Nach Abzug von 10% gemäß

§ 13d ErbStG: € 900.000

Abzüglich Barwert der

Rentenverpflichtung: € 516.600

(= € 45.000 x 11,480)

Differenz:€ 383.400

Damit ist der relevante Wert der Immobilienschenkung unter den Freibetrag für den Sohn von € 400.000 gedrückt und die Schenkung kann schenkungsteuerfrei erfolgen.

bb) Einkommensteuer

Die Übertragung einer Immobilie gegen eine Rentenzahlungspflicht hat jedoch nicht nur Auswirkungen auf die Schenkungsteuer sondern auch auf die Einkommensteuer der Beteiligten: Denn aus Sicht der Finanzverwaltung liegt keine reine Schenkung vor, sondern ein **teilentgeltliches Veräußerungsgeschäft**. Der Rentenbarwert stellt dabei den „Veräußerungspreis" dar. Dabei kann sich ein einkommensteuerpflichtiger Veräußerungsgewinn auf Seiten des Schenkers ergeben. Wenn der Schenker die Immobilie zum Zeitpunkt der Schenkung bereits mindestens 10 Jahre in seinem Privatvermögen gehalten hat, wäre ein etwaiger Veräußerungsgewinn jedenfalls einkommensteuerfrei.[142] Wenn das nicht der Fall ist, ergibt sich eine Steuerpflichtigkeit des Veräußerungsgewinns.[143]

Bei der Berechnung eines Veräußerungsgewinns werden die in der Vergangenheit in Anspruch genommenen AfA-Beträge dem Verkaufserlös wieder hinzugerechnet (in der Regel 2% p. a. der Anschaffungskosten für das Gebäude), so dass sich rechnerisch sehr schnell ein höherer Veräußerungsgewinn ergeben kann.[144]

Wenn Sie meinem eisernen Grundsatz folgen, eine Renditeimmobilie aus steuerrechtlichen Gründen **niemals** vor Ablauf einer Mindesthaltezeit von 10 Jahren zu

---

[142] Dazu verweise ich auf die Ausführungen in meinem Buch „**Steuerleitfaden für Immobilieninvestoren: Der ultimative Steuerratgeber für Privatinvestitionen in Wohnimmobilien**". Das Buch finden Sie bei Amazon unter dem folgenden Kurzlink: https://amzn.to/34tufW8

[143] Das ist in § 23 Einkommensteuergesetz (EStG) geregelt.

[144] Dazu verweise ich auf die Ausführungen in meinem Buch „**Steuerleitfaden für Immobilieninvestoren: Der ultimative Steuerratgeber für Privatinvestitionen in Wohnimmobilien**". Das Buch finden Sie bei Amazon unter dem folgenden Kurzlink: https://amzn.to/34tufW8

veräußern, sind Sie auch in dieser Konstellation immer auf der sicheren Seite und müssen sich keine weiteren Gedanken machen.

Der Schenker muss zwar die Rentenzahlungen versteuern. Allerdings ist nur der sogenannte Ertragsanteil steuerpflichtig, der vom Alter des Rentenberechtigten bei Beginn der Rentenzahlungen abhängig ist.[145] Die Höhe des steuerpflichtigen Ertragsanteils wird in einem Prozentsatz ausgedrückt. Er kann aus einer Tabelle in § 22 Nr. 1 Satz 3a bb EStG abgelesen werden. Ich möchte Ihnen das anhand der Weiterentwicklung des obigen Beispiels erklären.

Da Heinz Schenker beim Beginn des Leibrentenbezuges 65 Jahre alt ist, beträgt der Ertragsanteil der vereinbarten Rente 18%. Er hat damit von dem jährlichen Rentenbetrag in Höhe von € 45.000 nur 18% zu versteuern, im Ergebnis also nur € 8.100. Da dieser Betrag unterhalb des Grundfreibetrages in Höhe von € 9.000 pro Jahr (Stand 2018) liegt, kann er die Rentenzahlungen einkommensteuerfrei vereinnahmen.

Auch das ist ein durchaus angenehmes Ergebnis im Hinblick auf die Einkommensteuer. Vor der Schenkung der Immobilie gegen Rentenzahlung musste Heinz Schenker den gesamten Ertrag von € 70.000 aus der Immobilie versteuern. Er ist daher mit diesem Ergebnis sehr

---

[145] Das ist in § 22 Nr. 1 Satz 3a bb EStG geregelt.

zufrieden, denn er spart dadurch ganz erheblich Einkommensteuern.

Für den Beschenkten und Rentenzahlungspflichtigen hat die Konstruktion im Hinblick auf die Einkommensteuer auch durchaus willkommene Konsequenzen: Er kann den Rentenbarwert als Anschaffungskosten ansetzen und von dem auf das Gebäude entfallenden Teil die jährliche Absetzung für Abnutzung (AfA) in Anspruch nehmen und als Werbungskosten geltend machen. Darüber hinaus kann er den Zinsanteil der jährlichen Rentenzahlungen als Werbungskosten abziehen.

F. STEUERLICHE BEWERTUNG VON IMMOBILIEN

Bei der Heranziehung zur Erbschaft- oder Schenkungsteuer muss zunächst der steuerrechtlich relevante Wert des verschenkten oder vererbten Vermögens ermittelt werden. Bei Geldvermögen ist das natürlich sehr einfach, weil einfach nur festgestellt werden muss wie viel Geld auf Konten oder in bar vorhanden ist.

Bei Immobilien als Bestandteil des Vermögens ist das schwieriger. Die Bewertung von Immobilien ist nicht im Schenkung- und Erbschaftsteuergesetz geregelt. Vielmehr verweist § 12 ErbStG auf das Bewertungsgesetz (BewG). Die Hintergründe können Sie weiter unten im Abschnitt I. nachlesen. Für die Besteuerung einer Erbschaft oder einer Schenkung ist die Ermittlung des Wertes zum Stichtag der Schenkung bzw. des Erbfalls erforderlich. Dazu erfolgt eine Saldierung des Wertes der vererbten oder verschenkten Gegenstände mit den Schulden des Erblassers bzw. mit übernommenen Verbindlichkeiten bei einer Schenkung. Die Differenz ist Anknüpfungspunkt der Erbschaft- und Schenkungsteuer. Welche Verbindlichkeiten vom Wert der vererbten bzw. verschenkten Gegenstände abgezogen werden dürfen, finden Sie weiter unten in Abschnitt II. dargestellt.

I. BEWERTUNG DES VERMÖGENS FÜR ZWECKE DER SCHENKUNGS- UND ERBSCHAFTSTEUER

Bei Immobilien ist die Bewertung natürlich nicht so einfach wie bei Geldbeständen oder börsennotierten Aktien. Die zutreffende Bewertung ist ein Dauerzankapfel in Deutschland. Schon mehrfach hat das Bundesverfassungsgericht den Gesetzgeber zu Korrekturen der Bewertungsregelungen für Immobilien gezwungen, weil diese den Anforderungen des Gleichheitssatzes (Artikel 3 Grundgesetz) nicht entsprochen haben.

1. Immobilienbewertung

Nach der bis zum 31.12.2008 geltenden Rechtslage wurden Immobilien nur mit ca. 50% des tatsächlichen Wertes zur Erbschaft- und Schenkungsteuer veranlagt, was zu einer Ungleichbehandlung mit anderen Vermögensarten (z.B. Aktien) geführt hat.[146] Durch diese Bewertung von Immobilienvermögen war die Bemessungsgrundlage für die Erbschaft- und Schenkungsteuer geschmälert worden mit der Folge, dass die Steuer nur auf einen Bruchteil des tatsächlichen Wertes anfiel.

Mit Beschluss vom 07.11.2006 hat das Bundesverfas-

---

[146] Ich verweise dazu auf den Beschluss des Bundesverfassungsgerichtes vom 07.11.2006, abgedruckt in Neue Juristische Wochenschrift 2007, S. 573 (579 f.).

sungsgericht diese Rechtslage für verfassungswidrig erklärt und dem Gesetzgeber aufgegeben, das Schenkungs- und Erbschaftsteuerrecht bis zum 31.12.2008 zu überarbeiten. Vor diesem Hintergrund hat der Gesetzgeber die Grundlage der Bewertung von Immobilien zur Berechnung der Erbschaft- und Schenkungsteuer mit Wirkung zum 01.01.2009 grundlegend neu geregelt. Aufgrund der neuen Rechtslage sind die Bewertungsvorteile für Immobilien reduziert worden, da nunmehr Bewertungsverfahren steuerrechtlich festgeschrieben wurden, die zu realistischeren Wertansätzen kommen.

Für die Bewertung von Grundstücken verweist das Erbschaft- und Schenkungsteuergesetz auf das Bewertungsgesetz.[147] Im Bewertungsgesetz sind die relevanten Regelungen für die Bewertung von Immobilien zugrunde gelegt. Das Gesetz unterscheidet zwischen unbebauten und bebauten Grundstücken sowie Erbbraugrundstücken.

Für **unbebaute Grundstücke** wird der einschlägige **Bodenrichtwert** angesetzt.[148] Dieser Wert ergibt sich aus den Erhebungen des Gutachterausschusses der Gemeinde, in der das Grundstück liegt. Der Bodenrichtwert ist ein Durchschnittswert, der auf den Quadratmeter Grundstückfläche heruntergebrochen ist. Die Gutachterausschüsse leiten diesen aus tatsächlich erfolgten Grund-

---

[147] Das ist in § 12 Abs. 3 ErbStG geregelt, der auf Bewertungsgesetz (BewG) verweist.

[148] Das ist in § 179 BewG geregelt.

stücksverkäufen in der Gemeinde ab, die von den Notaren gemeldet werden müssen. Daher bilden die Bodenrichtwerte den tatsächlichen Wert eines Grundstückes durchaus realistisch ab, wenn man von Besonderheiten des konkreten Grundstückes absieht. Die Ergebnisse der Erhebungen der Gutachterausschüsse werden der Allgemeinheit in Form von Bodenrichtwerttabellen und Bodenrichtwertkarten zugänglich gemacht, die gegen eine Gebühr bei diesen bezogen werden können.[149] Da es sich bei den Bodenrichtwerten um Durchschnittszahlen handelt, müssen diese im konkreten Einzelfall eventuell noch mit Zu- oder Abschlägen versehen werden, um den Einfluss der Mikrolage eines Grundstückes zu berücksichtigen.

Die Bewertung **bebauter Grundstücke** erfolgt vorrangig nach dem Vergleichswertverfahren und bei vermieteten Immobilien nach dem Ertragswertverfahren.[150]

Beim **Vergleichswertverfahren** werden Kaufpreise von vergleichbaren Immobilien aus der Kaufpreissammlung des Gutachterausschusses herangezogen.[151] Dabei kann auch auf Durchschnittswerte pro Quadratmeter Wohnfläche abgestellt werden, die von Gutachterausschüssen in Form von Marktrichtwerttabellen herausgegeben werden. Wenn diese ermittelten Marktrichtwerte

---

[149] Siehe: https://www.gutachterausschuesse-online.de/

[150] Das ist in § 182 BewG geregelt.

[151] Das ist in § 183 BewG geregelt.

nur auf den Gebäudewert abstellen, ist der Bodenwert zu addieren.

Beim **Ertragswertverfahren** wird separat der Ertragswert des Gebäudes unter Heranziehung von erzielten bzw. erzielbaren Mieten ermittelt und der Wert der Grundstücksfläche auf der Grundlage der einschlägigen Bodenrichtwerte addiert.[152] Für die Ermittlung des Ertragswertes des Gebäudes enthält das Gesetz Regelungen in den §§ 185 bis 188 BewG.

Wenn aufgrund fehlender Daten weder das Vergleichswertverfahren noch das Ertragswertverfahren zum Ziel führt, ist die Immobilie nach dem Sachwertverfahren zu bewerten.[153] Dabei werden die Baukosten ermittelt und mit einem altersadäquaten Abschlag versehen. Dann wird der Bodenrichtwert der Grundstücksfläche addiert. Wenn die vererbte oder verschenkte Immobilie (z.B. aufgrund der Mikrolage oder aufgrund des baulichen Zustandes) einen unterdurchschnittlichen Wert hat, dann ist das ein Ansatzpunkt, um gegenüber dem Finanzamt mit einer Reduzierung der durchschnittlichen Wertansätze zu argumentieren.[154] Wenn die vorgebrachten Argumente nicht verfangen, kann es sich unter Umständen lohnen, einen Gutachter mit der Erstellung eines Wertgutachtens zu beauftragen, um das Finanzamt zu überzeugen.

---

[152] Das ist in § 184 BewG geregelt.

[153] Das ist in § 182 Abs. 4 und § 189 BewG geregelt.

[154] Das ist möglich auf der Grundlage von § 198 BewG.

2. Privilegierungen von Wohnimmobilien

Das Erbschaft- und Schenkungsteuergesetz enthält auch nach der vom Bundesverfassungsgericht erzwungenen Korrektur der Bewertungsvorschriften noch immer Privilegierungen von Immobilienvermögen.

So sieht das Gesetz seit dem 01.01.2009 vor, dass im Privatvermögen gehaltene und vermietete Wohnimmobilien nur mit 90% des ermittelten Marktwertes anzusetzen sind.[155] Das dürfte einen ganz erheblichen Teil des Immobilienvermögens in Deutschland betreffen. Insbesondere die von Privatinvestoren gehaltenen Renditeimmobilien profitieren von dieser Regelung. Dieser Wertansatz mit 90% liegt zwar schon erheblich höher als die Ansätze von durchschnittlich 50% nach alter Rechtslage, aber immer noch unterhalb der für andere Vermögensarten üblichen 100%. Darüber hinaus gibt es weitere Privilegierungen (z.B. für die Übertragung von Eigenheimen).[156]

Es ist somit auch nach der Erbschaft- und Schenkungsteuerreform noch immer der Wille des Gesetzgebers zu erkennen, Immobilieneigentum im Hinblick auf die Steuerbelastung attraktiv auszugestalten. Die in Kraft getretene Reform bedeutet also im Ergebnis keineswegs, dass Immobilien steuerrechtlich gegenüber anderen

---

[155] Das ist in § 13d ErbStG geregelt.

[156] Ich verweise dazu auf die Ausführungen in Kapitel B. III.

Geldanlagen nunmehr benachteiligt wären. Sie sind lediglich hinsichtlich der Bewertung für die Heranziehung zur Erbschaft- und Schenkungsteuer stark angenähert worden und profitieren nicht mehr ganz so stark wie zuvor von einer günstigen Bewertung.

II. Abzug von Verbindlichkeiten

Anknüpfungspunkt der Schenkung- und Erbschaftsteuer ist die Nettobereicherung des Erben bzw. Beschenkten. Für die Heranziehung zur Schenkung- und Erbschaftsteuer dürfen daher übernommene Schulden des Erblassers bzw. Schenkers vom Wert der Immobilie abgezogen werden. Im Erbfall gehen sämtliche Schulden des Erblassers kraft Gesetzes anteilig auf die Erben über. Es ist natürlich nicht möglich, nur die Rechte ohne die Schulden zu erben. Der Erbe darf die übernommenen Schulden aber vom Wert der Erbschaft abziehen. Wenn die Schulden größer sind als der Wert der Vermögensgegenstände, dann ist der Nachlass überschuldet. Ein Erbe würde in einem solchen Fall die Erbschaft ausschlagen.

Während es bei der Erbschaft keine Möglichkeit zur Trennung von Vermögen und Schulden gibt, sind bei einer Schenkung von Immobilien sehr wohl solche Gestaltungsmöglichkeiten denkbar. Möglich ist z.B., dass der Beschenkte nur die Immobilie übernimmt und die Schulden beim Schenker verbleiben, die für den Immobilienerwerb oder für eine Sanierung eingegangen wurden.[157] Genauso ist auch eine Regelung möglich, dass der Schen-

---

[157] Da es jedoch eine Grundschuld auf der Immobilie gibt, die das Darlehen der Bank absichert, hindert eine Übernahme des Grundstückes ohne Schulden natürlich nicht den Zugriff der Bank als Gläubiger auf das Grundstück im Wege der Zwangsversteigerung.

ker die Schulden übernimmt.[158] Im Falle einer Schuldübernahme darf der Schenker diese vom Wert der
Schenkung in Abzug bringen. Er hat nur die Differenz zu
versteuern.

Darüber hinaus dürfen solche Schulden abgezogen
werden, die erst anlässlich der Erbschaft bzw. Schenkung
entstehen.[159] Dazu gehören z.B. **Vermächtnisse**, die der
Erblasser in einem Testament regelt. Dabei handelt es
sich um verbindliche Anweisungen des Erblassers im
Testament an den Erben, aus der Erbschaft bestimmte
Leistungen an einen Dritten (= Vermächtnisnehmer) zu
erbringen.[160] Häufig werden in einem Vermächtnis Verpflichtungen zu Geldzahlungen geregelt. Denkbar sind
aber auch Verpflichtungen zur Übertragung des Eigentums an bestimmten Gegenständen an den Vermächtnis-

---

[158] Für die Wirksamkeit der Schuldübernahme im
Außenverhältnis zur Bank ist gemäß § 415 BGB die
Zustimmung derselben erforderlich. Es kann aber auch
eine Schuldübernahme im Innenverhältnis geregelt
werden, die keiner Zustimmung der Bank bedarf.
Demnach würde sich der Beschenkte verpflichten, den
Schenker von den Verpflichtungen zur Zahlung der
Zinsen und der Restschuld an die Bank freizustellen. Für
die steuerrechtliche Wirksamkeit zur Reduzierung des
Erbschaftswertes ist eine solche Vereinbarung im
Innenverhältnis ausreichend, wenn diese ordentlich do-
kumentiert ist und auch tatsächlich praktiziert wird.

[159] Das ist in § 10 Abs. 5 Nr. 2 ErbStG geregelt.

[160] Das ist in § 1939 BGB geregelt.

nehmer. Die Erfüllung dieser Verpflichtungen aus Vermächtnissen schmälert den Nettowert einer Erbschaft. Der Erbe ist daher berechtigt, die Kosten aus der Erfüllung von Vermächtnissen vom Wert der Erbschaft in Abzug zu bringen.[161]

Schließlich spielen die **Pflichtteilsrechte** noch eine Rolle. Wenn der Erblasser z.B. seinen Ehegatten oder seine Kinder enterbt, dann ist der eingesetzte Erbe kraft Gesetzes verpflichtet, an diese enterbten Angehörigen die Hälfte des gesetzlichen Erbteils in Geld zu zahlen.[162] Auch solche Verpflichtungen schmälern den Wert der Erbschaft und dürfen daher abgezogen werden.[163]

Abziehbar sind auch die Kosten der Bestattung des Erblassers und die Kosten einer Erbauseinandersetzung und der Verteilung der Erbschaft.[164] Die vom Erben zu zahlenden Erbschaftsteuern sind leider nicht abziehbar.[165]

Bei Schenkungen dürfen **anlässlich der Schen-**

---

[161] Das ist in § 10 Abs. 5 Nr. 2 ErbStG geregelt.

[162] Das ist in § 2303 BGB geregelt. Darüber hinaus verweise ich auf die Ausführungen in Kapitel D. V.

[163] Das ist in § 10 Abs. 5 Nr. 2 ErbStG geregelt.

[164] Das ist in § 10 Abs. 5 Nr. 3 ErbStG geregelt. Dazu gehören auch notwendige Sachverständigenkosten für die Bewertung der Erbmasse. Ohne Nachweis ist für all diese Positionen pauschal ein Betrag in Höhe von € 10.300 abziehbar.

[165] Das ist in § 10 Abs. 8 ErbStG geregelt.

**kung eingegangene Verbindlichkeiten und Be-
lastungen** des Beschenkten vom Wert der Schenkung
abgezogen werden. Das gilt z.B. für eine übernommene
Verpflichtung des Beschenkten, an den Schenker eine
Leibrente zu zahlen, die durch eine Reallast auf der Immobilie abgesichert wird.[166] Hat sich der Schenker auf der
geschenkten Immobilie einen Nießbrauch vorbehalten, so
mindert auch dieser den Wert der Schenkung.[167]

---

[166] Ich verweise auf Ausführungen in Kapitel E. IX. 4.

[167] Ich verweise auf Ausführungen in Kapitel E. IX. 1.

G. ANHANG (MUSTERTEXTE)

Liebe Leserin,

Lieber Leser,

als Bonus zu diesem Buch finden Sie nachfolgend Mustertexte für Testamente, Pflichtteilsverzichte, Schenkungen mit Nießbrauchsvorbehalt und weitere Texte. Diese Texte sind von Juristen entwickelt worden und anwaltsgeprüft. Sie können die Mustertexte auch als WORD-Datei anfordern, um diese als Vorlagen mit Daten zu befüllen und an Ihre individuellen Bedürfnisse anzupassen. Bitte beachten Sie jedoch, dass für privatschriftliche Testamente eine besondere Formvorschrift gilt. Diese sind nur dann formwirksam, wenn sie vollständig handschriftlich abgefasst und unterschrieben werden.

Fordern Sie den Downloadlink für die Mustertexte einfach per Email unter folgender Adresse an:

ivv@alexander-goldwein.de

Bitte beachten Sie, dass erbrechtliche Fragestellungen komplex sind und, dass es im Einzelfall darauf ankommt, wie viele Verwandte es gibt und welche davon noch leben. Dieses Buch und die Mustertexte können eine individuelle Rechtsberatung in besonderen Fallkonstellationen nicht ersetzen. Aus diesem Grund können weder der Verlag noch der Autor eine Gewähr übernehmen für die Eignung der Mustertexte für Ihren ganz konkreten und besonderen Einzelfall.

Alexander Goldwein

I. GRUNDMUSTERTEXT TESTAMENT

Testament

Meine Name ist _____

Ich bin am _____ in _____

geboren und wohnhaft in_____

Ich bin verheiratet / verpartnert mit _____

/ Ich bin verwitwet / ledig.

Mein Ehepartner und ich leben im ehelichen Güter-

stand der _____

(Zugewinngemeinschaft / Gütertrennung / Güterge-

meinschaft).

Aus meiner Ehe sind die nachfolgend aufgelisteten

gemeinsamen Kinder hervorgegangen:

1. _____ _____ geboren am

_____ wohnhaft in_____

2. _____ _____ geboren am

_____ wohnhaft in_____

3. _____ _____ geboren am

_____ wohnhaft in_____

4. _____ _____ geboren am

_____ wohnhaft in_____

Weitere Kinder habe ich nicht.

Vorsorglich widerrufe ich alle früheren Testamente in vollem Umfang und stelle hiermit klar, dass nur noch das vorliegende Testament gelten soll.

§ 1 Erbeinsetzung

Hiermit setze ich zu meinen alleinigen und ausschließlichen Erben zu gleichen Teilen die folgenden Personen ein:

1. _____ _____ geboren am

_____ wohnhaft in_____

2. _____ _____ geboren am

_____ wohnhaft in_____

3. _____ _____ geboren am

_____ wohnhaft in_____

4. _____ _____ geboren am

_____ wohnhaft in_____

§ 2 Vermächtnisse

Zu Lasten meiner Erben setze ich folgende Vermächtnisse fest:

1. Zahlung eines Geldbetrages in Höhe von € _____ an meinen Enkel_____

2. Zahlung eines Geldbetrages in Höhe von €_____ an meinen Enkel _____

3. Zahlung eines Geldbetrages in Höhe von € _____

an meinen Enkel_____

4. Unentgeltliche Übertragung des im Grundbuch des Amtsgerichts _____ für_____Band_____Blatt_____ für mich als Alleineigentümer eingetragenen Grundstückes an __

Die Ansprüche der Vermächtnisnehmer gegen die Erben sind innerhalb von sechs Monaten nach dem Erbfall zur Erfüllung fällig.

(Ort, Datum) _____

_____

Unterschrift

II. Muster Berliner Testament

Wir

    Frau _____

geb. am_____in_____wohnhaft in_____

und

    Herr _____

geb. am_____in_____wohnhaft in_____

errichten hiermit das nachfolgende gemeinschaftliche Testament:

§ 1 Familienstand, Güterstand, Kinder

Wir sind verheiratet und leben im ehelichen Güterstand der Zugewinngemeinschaft. Aus dieser Ehe sind die nachfolgend aufgelisteten gemeinsamen Kinder hervorgegangen:

1. _____ _____ geboren am

_____ wohnhaft in_____

2. _____ _____ geboren am

_____ wohnhaft in_____

Weitere Kinder haben wir ich nicht.

§ 2 Gemeinschaftliches Testament

Vorsorglich widerrufen wir alle früheren Testamente in vollem Umfang und stellen hiermit klar, dass nur noch dieses Testament gelten soll.

1. Erbeinsetzung

Wir setzen uns gegenseitig zum Alleinerben des früher versterbenden von uns beiden ein. Unsere oben unter Ziffer 1. aufgelisteten gemeinsamen Kinder setzen wir zu gleichen Teilen als Schlusserben des Letztversterbenden von uns beiden ein. Diese Erbeinsetzung für den Schlusserbfall bindet den Letztversterbenden auch für den Teil der Erbmasse, der ihm schon vor Eintritt des Erbfalles alleine gehört hatte.[168]

Im Übrigen (insbesondere für den Fall, dass gemeinsame Kinder bei Eintritt des Schlusserbfalles nicht mehr leben) sollen die Vorschriften der gesetzlichen Erbfolge innerhalb der ersten Ordnung gelten.[169] Falls ein bei Eintritt des Schlusserbfalls bereits verstorbenes Kind keine Abkömmlinge hat, wächst der Erbteil den übrigen Erben zu gleichen Teilen an.

2. Pflichtteilsregelung

Sollte eines unserer Kinder oder dessen Abkömmling nach dem Tode des Erstversterbenden gegen den Willen

---

[168] Ich verweise dazu auf die Erklärungen im Kapitel D. VI. 1.

[169] Diese Regelung stellt klar, dass das Repräsentationsprinzip und das Stammesprinzip gelten sollen. Demnach schließen lebende Kinder Enkel von der Erbfolge aus. Außerdem bewirkt die Regelung, dass der Erbteil eines bei Eintritt des Erbfalls bereits verstorbenen Kindes zu gleichen Teilen auf dessen Kinder (= Enkel des letztversterbenden Ehegatten) übergeht.

des Letztversterbenden seinen Pflichtteil geltend machen, so sind der betreffende Pflichtteilsberechtigte und seine Abkömmlinge von der Erbfolge nach dem Tod des Letztversterbenden ausgeschlossen.[170]

Etwaige freiwerdende Erbteile bei Geltendmachung eines Pflichtteils durch ein Kind oder dessen Abkömmlich und folglich eintretender Enterbung wachsen den Erbteilen der übrigen Erben nach dem Verhältnis ihrer Erbteile an.

3. Vermächtnisse[171]

Jedes unserer Kinder, ausgenommen derjenigen, die ihren Pflichtteil gegen den Willen des länger lebenden Ehegatten geltend gemacht haben, erhält beim Tod des erstversterbenden Ehegatten ein Geldvermächtnis in Hö-

---

[170] Wenn es nicht gelungen ist, von den Kindern zu Lebzeiten einen Verzicht auf den Pflichtteil für den ersten Erbfall (= Tod des erstversterbenden Ehegatten) zu erhalten, ist diese Regelung sinnvoll, um die Geltendmachung des Pflichtteils für die Kinder unattraktiv zu machen.

[171] Wenn die Kinder erwartungsgemäß keine Pflichtteilsansprüche geltend machen, bewirken die geregelten Vermächtnisse, dass Erbschaftsteuern gespart werden können durch Ausnutzung der Freibeträge der Kinder bereits für den ersten Erbfall (= Tod des erstversterbenden Ehegatten). Ich verweise dazu auf die Ausführungen weiter oben im Abschnitt D. VI. 3.

he von € [xxx.xxx].[172] Die Vermächtnisse fallen mit dem Tod des erstversterbenden Ehegatten an und sind 6 Monate danach zur Zahlung fällig.

4. Wechselbezüglichkeit

Sämtliche in diesem Testament getroffenen Verfügungen sind wechselbezüglich, es sei denn, dass es ausdrücklich anders erwähnt wird.

5. Auflösung der Ehe durch Scheidung

Im Falle der Scheidung unserer Ehe sollen sämtliche Verfügungen in diesem Testament ihrem ganzen Inhalt nach unwirksam sein.

(Ort, Datum) _____

_____

Unterschrift

---

[172] Hier wird üblicherweise ein Betrag in Höhe von maximal dem Freibetrag eingesetzt. Für Kinder beträgt dieser € 400.000 pro Kind.

III. Mustertext für Schenkung einer Immobilie mit Nießbrauchsvorbehalt

Urkunden-Rolle Nr. _____

Verhandelt am _____in _____

Vor dem unterzeichneten Notar Herr/Frau Dr. ____

 erschienen heute:

Die Ehegatten/Lebenspartner

1. Herr/Frau _____

geboren am _____in _____

wohnhaft: _____

ausgewiesen durch BPA Nr. _____

– im Folgenden auch „**Übergeber Nr. 1 oder Erschienener Nr. 1**" genannt –

2. Herr/Frau _____

geboren am _____in _____

wohnhaft: _____

ausgewiesen durch BPA Nr. _____

– im Folgenden auch „**Übergeber Nr. 2 oder Erschienener Nr. 2**" genannt –

und deren gemeinsamen Kinder

3. Herr/Frau _____

geboren am _____in _____

wohnhaft: _____

ausgewiesen durch BPA Nr. _____

– im Folgenden auch „**Übernehmer Nr. 1 oder Erschienener Nr. 3**" genannt –

4. Herr/Frau _____

geboren am _____in _____

wohnhaft: _____

ausgewiesen durch BPA Nr. _____

– im Folgenden auch „**Übernehmer Nr. 2 oder Erschienener Nr. 4**" genannt –

Die Ehegatten sind nach eigenen Angaben im gesetzlichen Güterstand der Zugewinngemeinschaft verheiratet. Aus dieser Ehe sind die heute erschienenen gemeinsamen Kinder hervorgegangen. Weitere Kinder gibt es nach Angaben der Ehegatten nicht.

Die Erschienenen erklärten zu Protokoll des Notars

den nachfolgenden Schenkungs- und Übertragungsvertrag:

§ 1 Grundbuchinhalt

1. Die Übergeber sind zu je ½ Miteigentümer des im Grundbuch von_____, Amtsgericht_____. Blatt_____, eingetragenen Grundstückes, Gemarkung_____, Flurstück Nr. _____, Hof- und Gebäudefläche insgesamt _____m². Der Notar hat das Grundbuch eingesehen.
2. Das Grundstück ist mit einem vermieteten Mehrfamilienhaus bebaut.
3. Der Grundbesitz ist lastenfrei in Abteilung II und III.

§ 2 Schenkweise Übertragung unter Ausschluss von Gewährleistungsrechten

1. Jeder der beiden Übergeber überträgt hiermit im Wege der Schenkung auf jeden der Übernehmer jeweils einen ideellen Miteigentumsanteil von ¼ an dem vorstehend näher bezeichneten Grundbesitz mit allen damit verbundenen Rechten, wesentlichen Bestandteilen sowie Zubehör. Die Übernehmer nehmen die schenkweise Übertragung an.
2. Ansprüche und Rechte der Übernehmer wegen der Größe und Beschaffenheit des Grundstücks sowie Mängeln des Gebäudes und des Zubehörs werden im Rahmen der gesetzlichen Möglichkeiten so weitgehend wie möglich ausgeschlossen.
3. Die Mietverhältnisse über den Grundbesitz sind den Übernehmern bekannt. Im Hinblick auf den in § 4 vorbehaltenen Nießbrauch sind sich alle Partei-

en dieses Vertrages darüber einig, dass die Miet-verhältnisse und die Ansprüche auf Zahlung von Mietzinsen bei den Übergebern verbleiben.

4. Die Übergeber erteilen sich hiermit wechselseitig im Hinblick auf die bestehende Ehe und die Regelungen in den §§ 1365, 1375 BGB die Zustimmung zu der schenkweisen Übertragung des Grundbesitzes auf die Übernehmer.

5.

§ 3 Besitzübergang sowie Nutzungen und Lasten

1. Der Besitz und die Nutzungen gehen auf die Übernehmer ab Beendigung des nachfolgend unter § 4 vorbehaltenen Nießbrauchs über.

2. Die Steuern, öffentlichen Abgaben und Lasten, wozu auch Erschließungs- und sonstige Anliegerbeiträge gehören, haben die Übernehmer als Gesamtschuldner erst nach Beendigung des nachfolgend unter § 4 vorbehaltenen Nießbrauchs zu tragen. Bis zu diesem Zeitpunkt tragen die Übergeber diese Lasten.

§ 4 Nießbrauchsvorbehalt

1. Die Übergeber behalten sich als Gesamtgläubiger gemäß § 428 BGB und der länger lebende Übergeber allein an dem in § 1 bezeichneten Grundstück den lebenslangen und unentgeltlichen Nießbrauch vor, bzw. räumen sich den Nießbrauch an dem ihnen nicht gehörenden hälftigen Miteigentumsanteil des anderen Übergebers wechselseitig ein.

2. Abweichend von der von der gesetzlichen Lastenver-

teilung (namentlich von den §§ 1043, 1047 BGB) wird vereinbart, dass die Übergeber als Nießbraucher während der Dauer des Nießbrauchs alle Lasten, und zwar auch die Lasten von außergewöhnlichen Ausbesserungen und Erneuerungen tragen, die sonst die Eigentümer tragen müssten.[173]

3. Die Übernehmer und etwaige Rechtsnachfolger der Übernehmer haben die Nutzung des Grundstücks durch die Übergeber als Inhaber des Nießbrauchsrechtes in vollem Umfang zu dulden. Kein Übergeber kann den Nießbrauch ohne Mitwirkung des anderen Übergebers aufheben, abändern oder sonst über ihn verfügen.

4. Die Übergeber und Inhaber des Nießbrauchsrechtes sind in Abweichung von der Regelung des § 1037 BGB berechtigt, das bebaute Grundstück umzugestalten, ohne dass es der Zustimmung der Übernehmer als Eigentümer bedarf. Hierdurch entstehende Kosten sind ausschließlich und vollumfänglich von den Übergebern und Nießbrauchern zu tragen. Im Falle eines Verkaufes sind die Übernehmer verpflichtet, den Rechtsnachfolger in diese Verpflichtungen einzubinden soweit das nicht bereits Kraft dinglicher

---

[173] Diese Regelung ist wichtig, um zu verhindern, dass außergewöhnliche Instandhaltungsaufwendungen und Mieterträge auseinanderfallen. Ohne diese Regelung könnten solche Aufwendungen von den Nießbrauchsberechtigten nicht als Werbungskosten steuermindern geltend gemacht werden. Sie würden den Eigentümern zugeordnet und nutzlos verpuffen.

Wirkung durch Eintragung des Nießbrauchsrechtes in das Grundbuch der Fall ist.

§ 5 Anrechnung der Schenkung auf den Pflichtteil

Die Übernehmer müssen sich den Wert des geschenkten Grundbesitzes unter Berücksichtigung des Wertes des kapitalisierten Nießbrauchsrechtes auf ihr gesetzliches Pflichtteilsrecht am künftigen Nachlass der Übergeber anrechnen lassen.[174]

§ 6 Bewilligungen zur Grundbuchumschreibung

1. Die Beteiligten sind über den in diesem Vertrag geregelten Eigentumsübergang einig und bewilligen und beantragen die Eintragung dieser Rechtsänderung in das Grundbuch.
2. Die Beteiligten bewilligen und beantragen darüber hinaus die Eintragung des Nießbrauchsrechtes für die Übergeber nach Maßgabe des § 4 dieses Vertrages im Grundbuch mit dem Vermerk, dass zur Löschung des Nießbrauchsrechtes der Nachweis des Todes sämtlicher Berechtigten genügt.

§ 7 Bevollmächtigung des Notars

Die Beteiligten beauftragen und bevollmächtigen

---

[174] Diese Regelung ist erforderlich wegen § 2315 BGB. Sie stellt sicher, dass der Wert der Schenkung auf einen etwaigen Pflichtteilsanspruch eines Kindes angerechnet wird.

hiermit den Notar, alles zu tun, was im Rahmen des Vollzugs dieses Vertrages erforderlich ist. In diesem Rahmen ist der Notar ermächtigt, Anträge an das Grundbuchamt und andere Behörden zu stellen, abzuändern, zu ergänzen und zurückzunehmen, Anträge auch getrennt zu stellen oder zu verbinden, sowie Genehmigungen für die Beteiligten entgegenzunehmen. Der Notar ist von den Beschränkungen des § 181 BGB befreit.

§ 8 Schlussbestimmungen und Kostenlast

1. Es wird vereinbart, dass die Übernehmer die Kosten dieser Urkunde und ihrer Durchführung jeweils hälftig tragen.
2. Anfallende Schenkungsteuern trägt jeder Übernehmer für seinen Erwerb selbst.
3. Den Verkehrswert des Grundstücks (ohne die Wertminderung durch den Nießbrauch) geben die Beteiligten übereinstimmend mit € .... an.
4. Von dieser Urkunde erhalten sämtliche Erschienenen je eine Ausfertigung.
1. Vom Notar vorgelesen, genehmigt und unterschrieben.

Unterschrift Übergeber Nr. 1

Unterschrift Übergeber Nr. 2

_____
Unterschrift Übernehmer Nr. 1

_____
Unterschrift Übernehmer Nr. 2

_____
Unterschrift Notar

IV. Mustertext für Antrag auf amtliche Verwahrung eines Testamentes

An das

Amtsgericht xy

Musterstrasse xx

00000 Musterstadt

Amtliche Verwahrung eines Testamentes

Sehr geehrte Damen und Herren,

wir möchten das anliegende Testament in amtliche Verwahrung beim Amtsgericht geben und bitten um Erteilung eines Hinterlegungsscheines an uns beide.

Mit freundlichen Grüßen

Unterschrift Ehepartner 1/Lebenspartner 1

Unterschrift Ehepartner 2/Lebenspartner 2

INDEX

A

B

C

D

E

F

G

I

K

L

M

N

O

Ö

P

R

S

ÜBER DEN AUTOR

Alexander Goldwein ist gelernter Jurist und hat einen internationalen Bildungshintergrund. Er hat in drei Staaten in drei Sprachen studiert.

Er ist mit Kapitalanlagen in Immobilien self-made Millionär geworden. Als Autor und Berater hat er zudem zahlreiche Menschen zu wirtschaftlichem Erfolg geführt. Durch seine Bücher hat Goldwein sich bei privaten Immobilieninvestoren einen legendären Ruf erarbeitet, weil er mit seinen ganzheitlichen Erklärungsansätzen den idealen Nährboden für gelungene Investitionen in Wohnimmobilien erzeugt. Mit eigenen Investitionen in Immobilien hat er ein beachtliches Vermögen aufgebaut und wirtschaftliche Unabhängigkeit erlangt.

In seinen Büchern verfolgt der Autor Goldwein konsequent den Ansatz, komplexe Themen einfach zu erklären, so dass auch Anfänger ohne Vorkenntnisse mühelos folgen können. Er erreicht so alle, die gerne in Immobilien investieren würden, aber bisher noch keinen Zugang zu dem notwendigen Fachwissen erhalten haben. Leider werden Grundkenntnisse des Investierens und des klugen Umgangs mit Geld in unserem Bildungssystem sträflich vernachlässigt. So erklärt sich, dass viele Menschen sich damit schwer tun und ihre Chancen nicht richtig nutzen.

Goldwein verfügt über eine große Bandbreite praktischer Erfahrung aus seiner Tätigkeit als Unternehmensjurist in der Rechtsabteilung einer Bank sowie als kaufmännischer Projektleiter in der Immobilienbranche. In seiner praktischen Laufbahn hat er Immobilieninvestments in den USA und in Deutschland aus wirtschaftlicher und rechtlicher Sicht begleitet und verantwortet.

Weitere Informationen finden Sie auf der Internetseiten des Autors: https://alexander-goldwein.de

GELD VERDIENEN MIT WOHNIMMOBILIEN
Erfolg als privater Immobilieninvestor

ISBN
978-0-993950-64-3
(Taschenbuch)
ISBN
978-0-994853-33-2
(Gebundene Ausgabe)
Auf Amazon.de:
https://amzn.to/22FkyNs

Auch Sie können Erfolg haben mit Kapitalanlagen in Wohnimmobilien! In diesem Buch erklärt der gelernte Jurist und Banker Alexander Goldwein verständlich und mit konkret durchgerechneten Beispielen, wie Sie mit Wohnimmobilien ein Vermögen aufbauen und finanzielle Freiheit erlangen können. Die Lektüre setzt keine Vorkenntnisse voraus und ist auch für Anfänger geeignet. In diesem Buch erfahren Sie ganz konkret:

- Strategien zur sicheren & rentablen Kapitalanlage in Wohnimmobilien
- Aufspüren lukrativer Renditeimmobilien auch in angespannten Märkten
- Grundlagen der Immobilienbewertung und Kaufpreisfindung
- Checklisten zur professionellen Prüfung & Verhandlungsstrategien für den Ankauf
- Strategien für die optimale Finanzierung und Hebelung der Eigenkapitalrendite

- Berechnung von Cash-Flow & Rendite mit dem als Bonus erhältlichen Excel-Rechentool

- Steueroptimierte Bewirtschaftung & Realisierung von Veräußerungsgewinnen

- Praxisrelevante Grundlagen des Immobilienrechtes (inklusive der Besonderheiten bei vermieteten Eigentumswohnungen)

- Praxisrelevante Grundlagen des Mietrechtes (inklusive der Regelungen zu Mieterhöhungen)

STEUERLEITFADEN FÜR IMMOBILIENINVESTOREN
Der ultimative Steuerratgeber für Privatinvestitionen in Wohnimmobilien

ISBN:
978-3-947201-48-8
(Taschenbuch)
ISBN:
978-0-994853-38-7
(Gebundene Ausgabe)
Auf Amazon.de:
https://amzn.to/34tufW8

Sichern Sie sich maximale Steuervorteile durch überlegenes Wissen! Der Autor erklärt Ihnen Schritt für Schritt praxiserprobte Steuerstrategien für vermietete Wohnimmobilien. Kompakt, verständlich und gründlich.

- Maximaler Ansatz von Werbungskosten

- Realisierung steuerfreier Veräußerungsgewinne

- Steuervorteile bei Denkmalschutzimmobilien
- Ferienimmobilien im In- und Ausland als Renditeobjekt
- Erbschafts- und Schenkungssteuer (steueroptimierte Übertragung auf Ehepartner & Kinder)
- Bonusmaterial: Excel-Tool für Kalkulation von Rendite, Finanzierungskosten und Cash-Flow

Das Markenzeichen von Alexander Goldwein ist, komplexe Themen einfach zu erklären. So haben auch Leser ohne Vorkenntnisse die Chance, die Zusammenhänge zu verstehen und dieses Wissen für sich zu nutzen. Das Buch enthält zahlreiche Beispiele aus der Praxis und aktuelle Hinweise auf die Rechtsprechung und auf Schreiben des Bundesfinanzministeriums. Es ist sowohl für Anfänger als auch für Fortgeschrittene geeignet.

Profitieren Sie von den praktischen Erfahrungen des Autors als erfolgreicher Immobilieninvestor, Jurist mit Spezialisierung im Steuerrecht und als kaufmännischer Projektleiter in der Immobilienbranche!

VERMIETUNG & MIETERHÖHUNG
Mit anwaltsgeprüftem Mustermietvertrag & Mustertexten

ISBN
(Taschenbuch)
978-3-947201-44-0
ISBN
(Gebundene Ausgabe)
978-0-994853-39-4
Auf Amazon.de:
https://amzn.to/2OboV2g

Dieser Ratgeber hilft mit umfassenden Informationen und praktischen Tipps, die Vermietung professionell anzupacken. Er führt verständlich in die praxisrelevanten Grundlagen des Mietrechtes ein und leitet daraus strategische Empfehlungen ab. Darüber hinaus erhalten Sie zahlreiche Mustertexte (z.B. Übergabeprotokolle, Betriebskostenabrechnungen) und Musterschreiben (z.B. für Mieterhöhungen, Abmahnungen und Kündigungen), um das vermittelte Wissen konkret in die Praxis umzusetzen. Die Mustertexte können Sie auch als Datei anfordern, um diese zu bearbeiten und selbst auszudrucken.

- Anwaltsgeprüfter Mustermietvertrag und zahlreiche Mustertexte für die praktische Umsetzung

- Strategien für die richtige Mieterauswahl

- Muster für professionelle Nebenkostenabrechnung

- Mieterhöhungen durchsetzen & Mietminderungen abwehren

- Entschärfung von Konfliktherden mit Mietern

Der Autor Goldwein ist selbst erfolgreicher Vermieter. Als gelernter Jurist hat er sich auf das Immobilienrecht spezialisiert und mehrere Bestseller zu Kapitalanlagen in Wohnimmobilien geschrieben.

IMMOBILIEN STEUEROPTIMIERT VERSCHENKEN & VERERBEN
Erbfolge durch Testament regeln & Steuern sparen mit Freibeträgen & Schenkungen von Häusern & Eigentumswohnungen

ISBN:
978-3-947201-43-3
(Taschenbuch)
ISBN:
978-0-994853-34-9
(Gebundene Ausgabe)
Auf Amazon.de:
https://amzn.to/2UEuXL7

Dieser Ratgeber hilft Ihnen, Ihr Testament richtig aufzusetzen und die Übertragung Ihres Vermögens auf die nachfolgenden Generationen steueroptimiert zu gestalten. Immobilien als Bestandteil des Vermögens sind in ganz besonderem Maße geeignet, durch Ausnutzung von Gestaltungsspielräumen Steuern zu sparen und die alte Generation für das Alter abzusichern. Die Grundlagen und Gestaltungsmöglichkeiten werden in diesem Buch systematisch und verständlich dargestellt. Die Lektüre setzt keine Vorkenntnisse voraus und ist auch für rechtliche Laien geeignet.

Aus dem Inhalt:

- Darstellung der gesetzlichen Erbfolge mit den Konsequenzen für die Erbschaftsteuerbelastung

- Optimale Gestaltung des Testamentes zur Übertragung von Immobilien auf Kinder und Enkel

- Schenkungen von Immobilien zu Lebzeiten als Mittel zur Senkung der Steuerbelastung

- Absicherung des Schenkers von Immobilien durch Nießbrauch, dingliches Wohnrecht und Leibrente

- Anhang mit Mustertexten zur Umsetzung der Strategien

Der self-made Millionär und Bestsellerautor Goldwein ist gelernter Jurist mit einer Spezialisierung im Immobilien- und Steuerrecht. Er hat mit seinen Ratgeberbüchern zahlreiche Leser begeistert und zu wirtschaftlichem Erfolg geführt. Mehrere seiner praktischen Ratgeber sind Beststeller Nr. 1 bei Amazon geworden.

DIE GESETZE VON ERFOLG & GLÜCK
Ihr Weg zu finanzieller Freiheit & Zufriedenheit

ISBN: 978-3-947201-01-3
(Taschenbuch)
ISBN: 978-3-947201-13-6
(Gebundene Ausgabe)
Auf Amazon.de:
https://amzn.to/2pPSAAm

Es ist die Frage der Fragen: Wie wird man als Mensch erfolgreich und glücklich?
Der self-made Millionär und Bestsellerautor Goldwein gibt Antworten und verrät in diesem Buch die Geheimnisse seines phänomenalen Erfolges. Innerhalb weniger Jahre ist der gelernte Jurist mit Kapitalanlagen in Immobilien Millionär

geworden und darüber hinaus zu einem der erfolgreichsten Sachbuchautoren in Deutschland aufgestiegen. Er hat mit seinen Ratgeberbüchern viele Leser begeistert und zu wirtschaftlichem Erfolg geführt.

Aus dem Inhalt:

- Selbsterkenntnis als Schlüssel zum Erfolg

- Wege in die finanzielle Freiheit

- Chancen erkennen & nutzen

- Steigerung der Effizienz mit einfachen Mitteln

- Steigerung der Lebensqualität & Zufriedenheit

- Mehr Erfolg bei weniger Stress

- Unabhängigkeit & Freiheit erlangen

FERIENIMMOBILIEN IN DEUTSCHLAND & IM AUSLAND
Erwerben, Selbstnutzen & Vermieten

ISBN: 978-3-947201-47-1
(Taschenbuch)
ISBN: 978-3-947201-16-7
(Gebundene Ausgabe)
Auf Amazon.de:
https://amzn.to/2OVsASD

Viele Menschen träumen von einer eigenen Ferienimmobilie in Deutschland oder im Ausland. Dieser Ratgeber zeigt Ihnen, worauf es beim Erwerb und bei der Finanzierung ankommt und wie Sie Fehler vermeiden.

Sie erfahren ganz konkret:

- Kriterien für die Auswahl der Ferienimmobilie
- Kriterien für die Auswahl des Standortes
- Ermittlung des angemessenen Kaufpreises
- Rechtssicherer Erwerb im Inland und im Ausland
- Eliminierung typischer Fehlerquellen
- Eigennutzung und Vermietung der Ferienimmobilie
- Ferienimmobilie als Kapitalanlage
- Steuerrechtliche Fragen bei Erwerb und Vermietung
- VISA-Anforderungen bei Auslandsimmobilien

Der Bestsellerautor Goldwein ist gelernter Jurist und hat in drei Staaten in drei Sprachen studiert. Er beschäftigt sich seit fast 20 Jahren professionell mit Immobilien und ist selbst Eigentümer von Ferienimmobilien in Deutschland, Spanien und Florida. Mehrere seiner Bücher sind Bestseller Nr. 1 bei Amazon und haben zahlreiche Leser begeistert und zum Erfolg geführt.

Als Leser dieses Buches sind Sie zum kostenlosen Bezug von attraktivem Bonusmaterial des Autors in Form eines Wissenspaketes für Immobilieninvestoren berechtigt.

IMMOBILIEN IN SPANIEN
Erwerben, Selbstnutzen & Vermieten

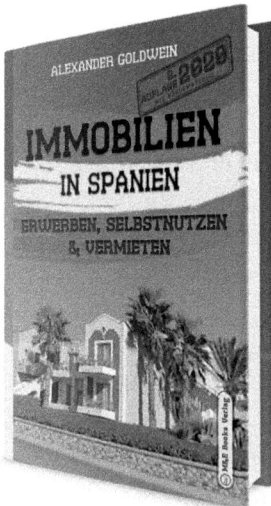

ISBN: 978-3-947201-45-7
(Taschenbuch)
ISBN: 978-3-947201-22-8
(Gebundene Ausgabe)
Auf Amazon.de:
https://amzn.to/2ryjymp

Viele Menschen träumen von einer eigenen Immobilie in Spanien. Dieser Ratgeber zeigt Ihnen, worauf es beim Erwerb und bei der Finanzierung ankommt und wie Sie Fehler vermeiden.

Sie erfahren ganz konkret:

- Kriterien für die Auswahl der Immobilie

- Ermittlung des angemessenen Kaufpreises

- Rechtssicherer Erwerb in Spanien

- Eliminierung typischer Fehlerquellen

- Eigennutzung und Vermietung

- Immobilie in Spanien als Kapitalanlage

- Steuerrechtliche Fragen bei Erwerb und Vermietung

- VISA-Anforderungen für langfristige Niederlassung

Der Bestsellerautor Goldwein ist gelernter Jurist und hat in drei Staaten in drei Sprachen studiert. Er beschäftigt sich seit fast 20 Jahren professionell mit Immobilien und ist selbst Eigentümer von Immobilien in Spanien, Deutschland und Florida. Mehrere seiner Bücher sind Bestseller Nr. 1 bei Amazon und haben zahlreiche Leser begeistert und zum Erfolg geführt.

Als Leser dieses Buches sind Sie zum kostenlosen Bezug von

attraktivem Bonusmaterial des Autors in Form eines
Wissenspaketes für Immobilieninvestoren berechtigt.

IMMOBILIEN IN DEN USA
Erwerben, Selbstnutzen & Vermieten

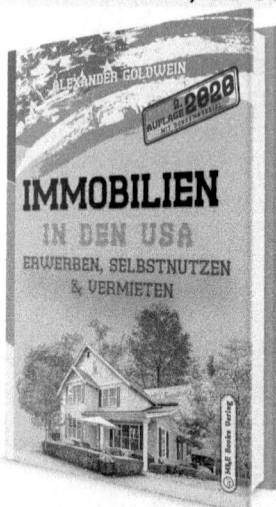

ISBN: 978-3-947201-46-4
(Taschenbuch)
ISBN: 978-3-947201-24-2
(Gebundene Ausgabe)
Auf Amazon.de:
https://amzn.to/2OLGxCA

Viele Menschen träumen von einer eigenen Immobilie in den
USA. Dieser Ratgeber zeigt Ihnen, worauf es beim Erwerb und
bei der Finanzierung ankommt und wie Sie Fehler vermeiden.
Sie erfahren ganz konkret:

* Kriterien für die Auswahl der Immobilie

* Kriterien für die Auswahl des Standortes

* Ermittlung des angemessenen Kaufpreises

* Rechtssicherer Erwerb in den USA

* Eliminierung typischer Fehlerquellen

* Eigennutzung und Vermietung

* Ferienimmobilie als Kapitalanlage

* Steuerrechtliche Fragen bei Erwerb und Vermietung

* VISA-Anforderungen in den USA

Der Bestsellerautor Goldwein ist gelernter Jurist und hat in drei

Staaten in drei Sprachen studiert. Er beschäftigt sich seit fast 20 Jahren professionell mit Immobilien und ist selbst Eigentümer von Immobilien in den USA, Deutschland und Spanien. Mehrere seiner Bücher sind Bestseller Nr. 1 bei Amazon und haben zahlreiche Leser begeistert und zum Erfolg geführt Als Leser dieses Buches sind Sie zum kostenlosen Bezug von attraktivem Bonusmaterial des Autors in Form eines Wissenspaketes für Immobilieninvestoren berechtigt.

DAS IMMOBILIEN-PRAXISHANDBUCH FÜR EIGENNUTZER
Die richtige Strategie für Immobilienkauf, Immobilienfinanzierung & Neubau

ISBN: 978-3-947201-33-4 (Taschenbuch)
ISBN: 978-3-947201-34-1 (Gebundene Ausgabe)
Auf Amazon.de:
https://amzn.to/2HDMHnu

Kauf, Neubau und Finanzierung eines Eigenheims stellen langfristige und weitreichende Weichenstellungen dar. In diesem Ratgeber erhalten Sie umfangreiche Informationen und Checklisten für den Kauf einer gebrauchten Immobilie sowie für den Neubau in Eigenregie. Als Bonus ist ein Excel-Rechentool für Immobiliendarlehen verfügbar. Mit diesem Ratgeber werden Sie in der Lage sein, die Anschaffung und Finanzierung gut zu organisieren und teure Fehlgriffe zu vermeiden.

Aus dem Inhalt:

- Kauf einer gebrauchten Immobilie
- Kauf einer Neubauimmobilie vom Bauträger
- Kauf eines Grundstückes & Bau in Eigenregie
- Besonderheiten beim Kauf einer Eigentumswohnung
- Kauf in der Zwangsversteigerung
- Strategien für eine intelligente Finanzierung mit Darlehen & Eigenkapital
- Staatliche Förderung des Eigenheimerwerbs (z.B. Wohn-Riester)
- Berechnungstool für Darlehensfinanzierungen

Der Bestsellerautor Goldwein beschäftigt sich als Investor, Banker und Jurist mit einer Spezialisierung im Immobilienrecht seit fast 20 Jahren professionell mit Wohnimmobilien. Mehrere seiner Bücher sind Bestseller Nr. 1 bei Amazon und haben zahlreiche Leser begeistert und zum Erfolg geführt.

LEITFADEN FÜR INVESTMENTSTRATEGIE, STEUERSTRATEGIE & STEUEROPTIMIERTE RECHTSFORMWAHL
Das Erfolgsgeheimnis für den Aufstieg aus der Mittelschicht zum Millionär

ISBN 978-3-947201-37-2
(Taschenbuch)
ISBN 978-3947201-38-9
(Gebundene Ausgabe)
Auf Amazon.de:
https://amzn.to/2t58tHv

Viele Menschen aus der Mittelschicht schaffen den Aufstieg zum Millionär nur deshalb nicht, weil ihnen die entscheidenden Informationen fehlen, um ihre Steuerbelastung zu verringern und durch intelligente Investitionen ein Vermögen aufzubauen. Das gilt insbesondere für hochqualifizierte Arbeitnehmer und kleinere mittelständische Unternehmer.

Für die Erlangung von finanzieller Freiheit und wirtschaftlicher Unabhängigkeit ist der Aufbau eines größeren Vermögens unverzichtbar. Dazu sind drei entscheidende Baustellen in den Blick zu nehmen:

1. Erhöhung der Einnahmen
2. Intelligente Investition von Kapital zur Generierung passiver Einkünfte
3. Begrenzung der Steuerbelastung

Dieser Ratgeber vermittelt das entscheidende Wissen für eine ausgefeilte Investment- und Steuerstrategie, die für jedermann umsetzbar ist und den Weg zur finanziellen Freiheit und Unabhängigkeit ebnet.

EXISTENZGRÜNDUNG LEICHT GEMACHT: IN 7 SCHRITTEN ERFOLGREICH DURCHSTARTEN IN DIE

SELBSTÄNDIGKEIT:
Geschäftsmodell, Charakterliche Eignung, Recht & Steuern

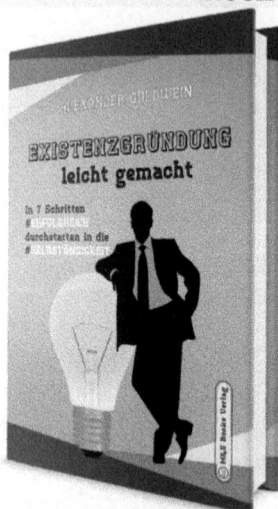

ISBN 978-3-947201-41-9
(Taschenbuch)
ISBN 978-3947201-42-6
(Gebundene Ausgabe)
Auf Amazon.de:
https://amzn.to/2OaEsj1

Viele Menschen träumen von einer Karriere als erfolgreicher Unternehmer. Doch nur wenige erreichen dieses Ziel. Für unternehmerischen Erfolg sind grundlegende charakterliche Prägungen und Veranlagungen erforderlich. Mindestens genauso wichtig sind ein planmäßiges Vorgehen und eine gute Wissensgrundlage.

Dieser Ratgeber vermittelt die erforderlichen Grundlagen für eine erfolgreiche Existenzgründung und hilft bei der Entwicklung eines tragfähigen Geschäftsmodells. Außerdem verrät der Autor die besten 3 Geschäftsmodelle aus seiner Beratungspraxis für Existenzgründer.

Der Bestsellerautor und self-made Millionär Alexander Goldwein ist gelernter Jurist und erfolgreicher Unternehmer und Investor. Mit seinen Ratgeberbüchern hat er zahlreiche Leser begeistert und zu wirtschaftlichem Erfolg geführt.

RECHTSFORMWAHL FÜR SELBSTÄNDIGE & EXISTENZGRÜNDER:

Mit Optimaler Rechtsform Haftung begrenzen, Steuerbelastung senken und Gewinn steigern

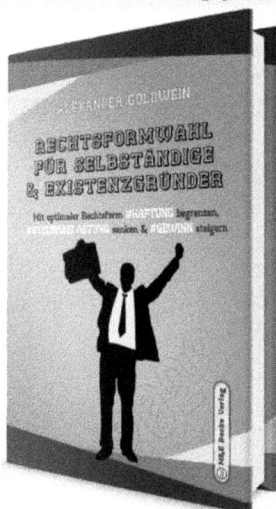

ISBN 978-3-947201-39-6
(Taschenbuch)
ISBN 978-3947201-40-2
(Gebundene Ausgabe)
Auf Amazon.de:
https://amzn.to/2HtTQXi

Viele Selbständige und Existenzgründer unterschätzen radikal die Bedeutung der Rechtsformwahl für die Optimierung der Steuerbelastung und Altersvorsorge. Oft erkennen sie erst Jahre später, dass die GmbH als Rechtsform viele Steuern gespart hätte.

In diesem Leitfaden werden die möglichen Rechtsformen vorgestellt und die Auswirkungen der Rechtsformwahl auf Haftungsbegrenzung, Steuerbelastung und Altersvorsorge beleuchtet. Darüber hinaus werden die Aspekte eines Rechtsformwechsels bei einem bereits bestehenden Unternehmen besprochen.

Der als Bonus zu diesem Buch verfügbare Steuerbelastungsvergleichsrechner auf MS-Excel-Basis ermöglicht exakte Vergleichsrechnungen der Gesamtsteuerbelastung für unterschiedliche Rechtsformen.

Aus dem Inhalt:

- Grundlagen der Rechtsformwahl für die selbständige Tätigkeit

- Steuerbelastungsvergleiche zur Herleitung der

Vorteilhaftigkeit der GmbH

- Steuerbelastungsvergleichsrechner auf MS-Excel-Basis
- Rechtsformwechsel eines bereits bestehenden Unternehmens
- Pensionszusage der inhabergeführten GmbH als intelligente Kombination einer Altersvorsorge mit einem Steuersparmodell

Der self-made Millionär und Bestsellerautor Goldwein ist gelernter Jurist mit einer Spezialisierung im Steuerrecht und im Unternehmensrecht. Er hat mit seinen Ratgeberbüchern zahlreiche Leser begeistert und zu wirtschaftlichem Erfolg geführt. Mehrere seiner praktischen Ratgeber sind Bestseller Nr. 1 bei Amazon geworden.

Lightning Source UK Ltd.
Milton Keynes UK
UKHW020205141220
375014UK00004B/500